LES CARACTERES DE THEOPHRASTE

TRADUITS DU GREC.

AVEC LES CARACTERES OU LES MOEURS DE CE SIECLE.

A PARIS,
Chez ESTIENNE MICHALLET,
premier Imprimeur du Roy, rüe S. Jacques,
à l'Image saint Paul.

M. DC. LXXXVIII.
Avec Privilege de Sa Majesté.

DISCOURS

SUR

THEOPHRASTE

JE n'estime pas que l'homme soit capable de former dans son esprit un projet plus vain & plus chimerique, que de prétendre en écrivant de quelque art ou de quelque science que ce soit, échaper à toute sorte de critique, & enlever les suffrages de tous ses Lecteurs. Car sans m'étendre sur la

A ij

difference des esprits des hommes aussi prodigieuse en eux que celle de leurs visages, qui fait goûter aux uns les choses de speculation, & aux autres celles de pratique ; qui fait que quelques-uns cherchent dans les Livres à exercer leur imagination, quelques autres à former leur jugement ; qu'entre ceux qui lisent, ceux-cy aiment à estre forcez par la demonstration, & ceux-là veulent entendre délicatement, ou former des raisonnemens & des conjectures ; je me renferme seulement dans cette science qui décrit les mœurs, qui examine les hommes, & qui développe leurs caracteres ; & j'ose dire que sur les ouvrages qui traitent de choses qui les touchent de si prés, & où il ne s'agit que d'eux-mesmes, ils sont encore extrémement difficiles à contenter.

Quelques sçavans ne goûtent que les *Apophthegmes* des Anciens, & les exemples tirez des Romains, des Grecs, des Perses, des Egyptiens ; l'histoire du monde present leur est insipide ; ils ne sont point touchez des hommes qui les environnent, & avec qui ils vivent, & ne font nulle attention à leurs mœurs. Les femmes au contraire, les gens de la Cour, & tous ceux qui n'ont que beaucoup d'esprit sans érudition, indifferens pour toutes les choses qui les ont précedé sont avides de celles qui se passent à leurs yeux, & qui sont comme sous leur main ; ils les examinent, ils les discernent, ils ne perdent pas de veuë les personnes qui les entourent, si charmez des descriptions & des peintures que l'on fait de leurs contemporains, de leurs concitoyens, de ceux enfin qui leur ressemblent, & à qui ils ne croyent pas ressembler ; que jusques dans la Chaire l'on se croit obligé souvent de suspendre l'Evangile pour les prendre par leur foible, & les ramener à leurs devoirs par des choses qui soient de leur goust, & de leur portée.

La Cour ou ne connoist pas la ville, ou par le mépris qu'elle a pour elle néglige d'en relever le ridicule, & n'est point frapée des images qu'il peut fournir ; & si au contraire l'on peint la Cour, comme c'est toûjours avec les ménagemens qui luy sont dûs ; la ville ne tire pas de cet ébauche de quoy remplir sa curiosité, & se faire une juste idée d'un pays où il faut mesme avoir vécu pour le cónoistre.

D'autre part il est naturel aux hommes de ne point convenir de la beauté ou de la délicatesse d'un trait de morale qui les peint, qui les désigne, & où ils se reconnoissent eux-mesmes; ils se tirent d'embarras en le condamnant ; & tels n'approuvent la satyre, que lorsque commençant à lâcher prise & à s'éloigner de leurs personnes, elle va mordre quelque autre.

Enfin quelle apparence de pouvoir remplir tous les goûts si differens des hommes par un seul ouvrage de morale ? Les uns cherchent des definitions, des divisions, des tables, & de la methode ; ils veulent qu'on leur explique ce que c'est que la vertu en general, & cette vertu en particulier ; quelle difference se trouve entre la valeur, la force & la magnanimité, les vices extrêmes par le defaut ou par l'excés entre lesquels chaque vertu se trouve placée, & duquel de ces deux extrêmes elle emprunte davantage : toute autre doctrine ne leur plaist pas. Les autres contents que l'on réduise les mœurs aux passions, & que l'on explique celles-cy par le mouvement du sang, par celuy des fibres & des arteres, quittent un Auteur de tout le reste.

Il s'en trouve d'un troisiéme ordre, qui persuadez que toute doctrine des mœurs doit tendre à les reformer, à discerner les bonnes d'avec les mauvaises, & à démêler dans les hommes ce qu'il y a de vain, de foible & de ridicule, d'avec ce qu'ils peuvent avoir de bon, de sain & de loüable, se plaisent infiniment dans la lecture des livres, qui supposant les principes physiques & moraux rebatus par

sur Theophraste.

les anciens & les modernes, se jettent d'abord dans leur application aux mœurs du temps, corrigent les hommes les uns par les autres par ces images de choses qui leur sont si familieres, & dont neanmoins ils ne s'avisoient pas de tirer leur instruction.

Tel est le traité des Caracteres des mœurs que nous a laissé Theophraste ; il l'a puisé dans les Ethiques & les grandes Morales d'Aristote dont il fut le disciple : les excellentes définitions que l'on lit au commencement de chaque Chapitre sont établies sur les idées & sur

Discours

les principes de ce grand Philosophe, & le fond des caracteres qui y sont décrits, sont pris de la mesme source; il est vray qu'il se les rend propres par l'étenduë qu'il leur donne, & par la satyre ingenieuse qu'il en tire contre les vices des Grecs, & sur tout des Atheniens.

Ce Livre ne peut gueres passer que pour le commencement d'un plus long ouvrage que Theophraste avoit entrepris. Le projet de ce Philosophe, comme vous le remarquerez dans sa Preface, estoit de traiter de toutes les vertus, & de tous les vices ; Et comme il assure luy-mesme dans cet endroit qu'il commence un si grand dessein à l'âge de quatre-vingt dix-neuf ans, il y a apparence qu'une prompte mort l'empêcha de le conduire à sa perfection. J'avoüe que l'opinion commune a toûjours esté qu'il avoit poussé sa vie au delà de cent ans ; & saint Jerôme dans une Lettre qu'il écrit à Nepotien assure qu'il est mort à cent sept ans accomplis : de sorte que je ne doute point qu'il n'y ait eû une ancienne erreur ou dans les chiffres Grecs qui ont servi de regle à Diogene Laërce qui ne le fait vivre que quatre-vingt quinze années, ou dans les premiers manuscrits qui ont esté faits de cet Historien; s'il est vray d'ailleurs que les quatre-vingt dix-neuf ans que cet Auteur se donne dans cette Preface, se lisent également dans quatre manuscrits de la Bibliotheque Palatine; c'est là que l'on a trouvé les cinq derniers Chapitres des Caracteres de Theophraste qui manquoient aux anciennes impressions, & que l'on a vû deux titres, l'un du goût qu'on a pour les vicieux, & l'autre du gain sordide, qui sont seuls, & dénuez de leurs Chapitres.

Ainſi cet ouvrage n'eſt peut-eſtre meſme qu'un ſimple fragment, mais cependant un reſte précieux de l'antiquité, & un monument de la vivacité de l'eſprit & du jugement ferme & ſolide de ce Philoſophe dans un âge ſi avancé : En effet il a toûjours eſté lû comme un chef-d'œuvre dans ſon genre : il ne ſe voit rien où le goût Attique ſe faſſe mieux remarquer, & où l'elegance Grecque éclate davantage : on l'a appellé un livre d'or : les Sçavans faiſant attention à la diverſité des mœurs qui y ſont traitées, & à la maniere

naïve dont tous les cara-
cteres y sont exprimez, &
la comparant d'ailleurs avec
celle du Poëte Menandre
disciple de Theophraste, &
qui servit ensuite de mo-
dele à Terence, qu'on a
dans nos jours si heureusement imité, ne peuvent
s'empêcher de reconnoistre
dans ce petit ouvrage la premiere source de tout le comique, je dis de celuy qui est
épuré des pointes, des obsce-
nitez, des équivoques, qui est
pris dans la nature, qui fait
rire les sages & les vertueux.

Mais peut-estre que pour
relever le merite de ce traité
des Caracteres, & en inspi-

rer la lecture, il ne sera
pas inutile de dire quelque
chose de celuy de leur Auteur. Il estoit d'Erese, ville
de Lesbos, fils d'un Foulon;
il eut pour premier Maistre
dans son païs un certain Leucipe * qui estoit de mesme
ville que luy ; de-là il passa
à l'Ecole de Platon, & s'arresta ensuite à celle d'Aristote, où il se distingua entre tous ses disciples : Ce
nouveau Maistre charmé de la
facilité de son esprit & de
la douceur de son élocution, luy changea son nom,
qui estoit Tyrtame en celuy
d'Euphraste, qui signifie celuy qui parle bien ; & ce

* Un autre que Leucipe Philosophe celebre, & disciple de Zenon.

nom ne répondant point
aſſez à la haute eſtime qu'il
avoit de la beauté de ſon
genie & de ſes expreſſions,
il l'appella Theophraſte,
c'eſt-à-dire un homme dont
le langage eſt divin : Et il
ſemble que Ciceron ait entré dans les ſentimens de
ce Philoſophe, lorſque dans
le Livre qu'il intitule, *Bru-
tus*, ou *des Orateurs illuſtres*,
il parle ainſi : Qui eſt plus
fecond & plus abondant que
Platon ? plus ſolide & plus
ferme qu'Ariſtote ? plus
agréable & plus doux que
Theophraſte ? Et dans quelques-unes de ſes Epiſtres à
Atticus on voit que parlant

sur Theophraste.

du mesme Theophraste il l'appelle son amy, que la lecture de ses livres luy étoit familiere, & qu'il en faisoit ses delices.

Aristote disoit de luy & de Calistene un autre de ses disciples, ce que Platon avoit dit la premiere fois d'Aristote mesme, & de Xenocrate ; que Calistene étoit lent à concevoir & avoit l'esprit tardif ; & que Theophraste au contraire l'avoit si vif, si perçant, si penetrant, qu'il comprenoit d'abord d'une chose tout ce qui en pouvoit estre connu ; que l'un avoit besoin d'esperon pour estre excité,

Discours

& qu'il falloit à l'autre un frein pour le retenir.

Il estimoit en celuy-cy sur toutes choses un caractere de douceur qui regnoit également dans ses mœurs & dans son style ; l'on raconte que les disciples d'Aristote voyant leur Maistre avancé en âge & d'une santé fort affoiblie le prierent de leur nommer son successeur ; que comme il avoit deux hommes dans son Ecole sur qui seuls ce choix pouvoit tomber, Menedeme * le Rhodien, & Theophraste d'Erese, par un esprit de ménagement pour celuy qu'il vouloit exclure

*Il y en a eû deux autres du mesme nom ; l'un Philosophe cinique, l'autre disciple de Platon.

il se declara de cette maniere : Il feignit peu de temps aprés que ses disciples luy eurent fait cette priere & en leur presence, que le vin dont il faisoit un usage ordinaire luy estoit nuisible, il se fit apporter des vins de Rhodes & de Lesbos, il goûta de tous les deux, dit qu'ils ne dementoient point leur terroir, & que chacun dans son genre estoit excellent, que le premier avoit de la force, mais que celuy de Lesbos avoit plus de douceur, & qu'il luy donnoit la préference : Quoy qu'il en soit de ce fait qu'on lit dans Aulugelle, il est certain que lors qu'Ariſtote accuſé par Eurimedon, Preſtre de Ceres, d'avoir mal parlé des Dieux, craignant le deſtin de Socrate voulut ſortir d'Athenes, & ſe retirer à Calcis, ville d'Eubée, il abandonna ſon Ecole au Leſbien, luy confia ſes écrits, à condition de les tenir ſecrets; & c'eſt par Theophraſte que ſont venus juſques à nous les Ouvrages de ce grand homme.

Son nom devint ſi celebre par toute la Grece, que ſucceſſeur d'Ariſtote il put conter bien-tôt dans l'Ecole qu'il luy avoit laiſſée juſques à deux mil diſciples.

sur Theophraste.

Il excita l'envie de * Sophocle fils d'Amphiclide, & qui pour lors estoit Preteur : Celuy-cy, en effet son ennemy, mais sous prétexte d'une exacte police & d'empescher les assemblées fit une loy qui défendoit sur peine de la vie à aucun Philosophe d'enseigner dans les Ecoles, ils obeïrent ; mais l'année suivante Philon ayant succedé à Sophocle qui estoit sorti de charge, le peuple d'Athenes abrogea cette loy odieuse que ce dernier avoit faite, le condamna à une amende de cinq talens, rétablit Theophraste, & le reste des Philosophes.

* Un autre que le Poëte tragique.

Plus heureux qu'Aristote qui avoit esté contraint de ceder à Eurimedon, il fut sur le point de voir un certain Agnonide puni comme impie par les Atheniens, seulement à cause qu'il avoit osé l'accuser d'impieté; tant estoit grande l'affection que ce peuple avoit pour luy, & qu'il meritoit par sa vertu.

En effet on luy rend ce témoignage, qu'il avoit une singuliere prudence, qu'il estoit zelé pour le bien public, laborieux, officieux, affable, bienfaisant: Ainsi au rapport de Plutarque, lorsque Erese fut accablée de Tyrans qui avoient usurpé

la

sur Theophraste.

la domination de leur païs, il se joignit à * Phydias son compatriote, contribua avec luy de ses biens pour armer les bannis qui rentrerent dans leur ville, en chasserent les traîtres, & rendirent à toute l'Isle de Lesbos sa liberté.

Tant de rares qualitez ne luy acquirent pas seulement la bienveillance du peuple, mais encore l'estime & la familiarité des Rois : il fut ami de Cassandre qui avoit succedé à Aridée frere d'Alexandre le Grand au Royaume de Macedoine ; & Ptolomée, fils de Lagus & premier Roy d'Egypte entre-

*Un Autre que le fameux Sculpteur.

tint toûjours un commerce étroit avec ce Philosophe. Il mourut enfin accablé d'années & de fatigues, & il cessa tout à la fois de travailler & de vivre : toute la Grece le pleura, & tout le peuple Athenien assista à ses funerailles.

L'on raconte de luy que dans son extrême vieillesse ne pouvant plus marcher à pied, il se faisoit porter en littiere par la ville, où il estoit vû du peuple à qui il estoit si cher. L'on dit aussi que ses disciples qui entouroient son lit lors qu'il mourut, luy ayant demandé s'il n'avoit rien à leur recommander, il leur tint ce discours : La vie nous « séduit, elle nous promet « de grands plaisirs dans la « possession de la gloire ; mais « à peine commence-t'on à « vivre, qu'il faut mourir : « il n'y a souvent rien de plus « sterile que l'amour de la re- « putation. Cependant, mes « disciples, contentez-vous : « si vous negligez l'estime « des hommes, vous vous « épargnez à vous-mesmes de « grands travaux ; s'ils ne re- « butent point vostre coura- « ge, il peut arriver que la « gloire sera vostre récom- « pense. Souvenez-vous seu- « lement qu'il y a dans la vie «

» beaucoup de choses inutiles,
» & qu'il y en a peu qui me-
» nent à une fin solide : ce
» n'est point à moy à délibe-
» rer sur le parti que je dois
» prendre, il n'est plus temps.
» Pour vous qui avez à me
» survivre, vous ne sçauriez
» peser trop meurement ce que
» vous devez faire : & ce fu-
» rent là ses dernieres paroles.

Ciceron dans le troisiéme Livre des Tusculanes dit que Theophraste mourant se plaignit de la nature, de ce qu'elle avoit accordé aux Cerfs & aux Corneilles une vie si longue, & qui leur est si inutile, lorsqu'elle n'a-voit donné aux hommes qu'une vie tres-courte, bien qu'il leur importe si fort de vivre long-temps ; que si l'âge des hommes eût pû s'étendre à un plus grand nombre d'années, il seroit arrivé que leur vie auroit esté cultivée par une doctrine universelle, & qu'il n'y auroit eu dans le monde ny art ny science qui n'eût atteint sa perfection. Et saint Jerôme dans l'endroit déja cité assure que Theophraste à l'âge de cent sept ans, frappé de la maladie dont il mourut, regretta de sortir de la vie dans un temps où il ne faisoit que commencer à estre sage.

Discours

Il avoit coûtume de dire qu'il ne faut pas aimer ses amis pour les éprouver, mais les éprouver pour les aimer; que les amis doivent estre communs entre les freres, comme tout est commun entre les amis ; que l'on devoit plûtost se fier à un cheval sans frein, qu'à celuy qui parle sans jugement; que la plus forte dépense que l'on puisse faire, est celle du temps : Il dit un jour à un homme qui se taisoit à table dans un festin ; si tu es un habile homme, tu as tort de ne pas parler ; mais s'il n'est pas ainsi, tu en sçais beaucoup ; voilà quelques-unes de ses maximes.

Mais si nous parlons de ses ouvrages, ils sont infinis, & nous n'apprenons pas que nul ancien ait plus écrit que Theophraste ; Diogene Laërce fait l'énumeration de plus de deux cens traitez differens, & sur toutes sortes de sujets qu'il a composez ; la plus grande partie s'est perduë par le malheur des temps, & l'autre se reduit à vingt traitez qui sont recüeillis dans le volume de ses œuvres : l'on y voit neuf livres de l'histoire des plantes, six livres de leurs causes ; il a écrit des vents, du feu, des pierres, du miel, des signes du beau temps, des signes de la pluye, des signes de la tempeste, des odeurs, de la sueur, du vertige, de la lassitude, du relâchement des nerfs, de la défaillance, des poissons qui vivent hors de l'eau, des animaux qui changent de couleur, des animaux qui naissent subitement, des animaux sujets à l'envie, des Caracteres des mœurs : voilà ce qui nous reste de ses écrits, entre lesquels ce dernier seul dont on donne la traduction peut répondre non seulement de la beauté de ceux que l'on vient de déduire, mais encore du mérite d'un nombre infini d'autres qui ne sont point venus jusqu'à nous.

Que si quelques-uns se refroidissoient pour cet ouvrage moral par les choses qu'ils y voyent, qui sont du temps auquel il a esté écrit, & qui ne sont point selon leurs mœurs ; que peuvent-ils faire de plus utile & de plus agréable pour eux, que de se défaire de cette prévention pour leurs coûtumes & leurs manieres, qui sans autre discussion non seulement les leur fait trouver les meilleures de toutes, mais leur fait

B v

presque décider que tout ce qui n'y est pas conforme est méprisable, & les prive dans la lecture des Livres des Anciens, du plaisir & de l'instruction qu'ils en doivent attendre.

Nous qui sommes si modernes, serons anciens dans quelques siecles : Alors l'histoire du nostre fera goûter à la posterité la venalité des charges, c'est à dire le pouvoir de proteger l'innocence, de punir le crime, & de faire justice à tout le monde, acheté à deniers comtans comme une metairie ; la splendeur des Partisans gens si méprisez chez les Hebreux & chez les Grecs: L'on entendra parler d'une Capitale d'un grand Royaume, où il n'y avoit ni places publiques, ni bains, ni fontaines, ni amphitheatres, ny galleries, ni portiques, ni promenoirs; qui estoit pourtant une ville merveilleuse: L'on dira que tout le cours de la vie s'y passoit presque à sortir de sa maison, pour aller se renfermer dans celle d'une autre: que d'honnestes femmes qui n'étoient ni marchandes, ni hôtelieres avoient leurs maisons ouvertes à ceux qui payoient pour y entrer; que l'on avoit à choisir du dé, des cartes, & de tous les jeux ; que l'on mangeoit dans ces maisons, & qu'elles estoient commodes à tout commerce : L'on sçaura que le peuple ne paroissoit dans la ville que pour y passer avec précipitation, nul entretien, nulle familiarité ; que tout y estoit farouche & comme allarmé par le bruit des chars qu'il falloit éviter, & qui s'abandonnoient au milieu des ruës, comme on fait dans une lice pour remporter le prix de la course : L'on apprendra sans étonnement qu'en pleine paix & dans une tranquillité publique ; des ci-

sur Theophraste.

toyens entroient dans les Temples, alloient voir des femmes, ou visitoient leurs amis avec des armes offensives, & qu'il n'y avoit presque personne qui n'eût à son côté de quoy pouvoir d'un seul coup en tuer un autre. Ou si ceux qui viendront aprés nous, rebutez par des mœurs si étranges & si differentes des leurs, se dégoûtent par là de nos memoires, de nos poësies, de nostre comique & de nos satyres, pouvons-nous ne les pas plaindre par avance de se priver eux-mesmes par cette fausse délicatesse de la lecture de si beaux ouvrages, si travaillez, si reguliers, & de la connoissance du plus beau Regne dont jamais l'histoire ait esté embellie?

Ayons donc pour les Livres des Anciens cette mesme indulgence que nous esperons nous-mesmes de la posterité, persuadez que les hommes n'ont point d'usages ni de coûtumes qui soient de tous les siecles; qu'elles changent avec les temps; que nous sommes trop éloignez de celles qui ont passé, & trop proches de celles qui regnent encore, pour estre dans la distance qu'il faut pour faire des unes & des autres un juste discernement.

Alors ni ce que nous appellons la politesse de nos mœurs, ni la bien-séance de nos coûtumes, ni nostre faste, ni nostre magnificence ne nous préviendront pas davantage contre la vie simple des Atheniens, que contre celle des premiers hommes, grands par euxmesmes, & indépendamment de mille choses exterieures qui ont esté depuis inventées pour suppléer peut-estre à cette veritable grandeur qui n'est plus.

La nature se montroit en eux dans toute sa pureté &

sa dignité, & n'estoit point encore soüillée par la vanité, par le luxe, & par la sotte ambition : Un homme n'estoit honoré sur la terre qu'à cause de sa force ou de sa vertu ; il n'estoit point riche par des charges ou des pensions, mais par son champ, par ses troupeaux, par ses enfans & ses serviteurs ; sa nourriture estoit saine & naturelle, les fruits de la terre, le lait de ses animaux & de ses brebis ; ses vétemens simples & uniformes, leurs laines, leurs toisons ; ses plaisirs innocens, une grande recolte, le mariage de ses enfans, l'union avec ses voisins, la paix dans sa famille: Rien n'est plus opposé à nos mœurs que toutes ces choses ; mais l'éloignement des temps nous les fait goûter, ainsi que la distance des lieux nous fait recevoir tout ce que les diverses relations ou les livres de voyages nous apprennent des païs lointains & des nations étrangeres.

Ils racontent une religion, une police, une maniere de se nourrir, de s'habiller, de bâtir & de faire la guerre, qu'on ne sçavoit point, des mœurs que l'on ignoroit ; celles qui approchent des nôtres nous touchent, celles qui s'en éloignent nous étonnent ; mais toutes nous amusent, moins rebutez par la barbarie des manieres & des coûtumes de peuples si éloignez, qu'instruits & même réjoüis par leur nouveauté ; il nous suffit que ceux dont il s'agit soient Siamois, Chinois, Negres, ou Abissins.

Or ceux dont Theophraste nous peint les mœurs dans ses caracteres, estoient Atheniens, & nous sommes François : & si nous joignons à la diversité des lieux & du climat, le long intervalle des temps, & que nous considerions que ce Livre a pû

sur Theophraste.
estre écrit la derniere année de la CXV. Olympiade, trois cens quatorze ans avant l'Ere Chrestienne, & qu'ainsi il y a deux mille ans accomplis que vivoit ce peuple d'Athenes dont il fait la peinture ; nous admirerons de nous y reconnoistre nous-mémes, nos amis, nos ennemis, ceux avec qui nous vivons, & que cette ressemblance avec des hommes separez par tant de frecles soit si entiere. En effet les hommes n'ont point changé selon le cœur & selon les passions ; ils sont encore tels qu'ils estoient alors, & qu'ils sont marquez dans Theo-

phraste; vains, dissimulez, flateurs, interessez, effrontez, importuns, défians, médisans, querelleux, superstitieux.

Il est vray Athenes estoit libre, c'estoit le centre d'une Republique, ses citoyens étoient égaux, ils ne rougissoient point l'un de l'autre, ils marchoient presque seuls & à pied dans une ville propre, paisible & spatieuse, entroient dans les boutiques & dans les marchez, achetoient eux-mesmes les choses necessaires ; l'émulation d'une Cour ne les faisoit point sortir d'une vie commune : ils reservoient

sur Theophraste.

leurs esclaves pour les bains, les repas, pour le service interieur des maisons, pour les voyages : ils passoient une partie de leur vie dans les places, dans les temples, aux amphitheatres, sur un port, sous des portiques, & au milieu d'une ville dont ils estoient également les maistres : Là le peuple s'assembloit pour parler ou pour déliberer des affaires publiques, icy il s'entretenoit avec les Etrangers ; ailleurs les Philosophes tantost enseignoient leur doctrine, tantost conferoient avec leurs disciples : Ces lieux estoient tout à la fois la scene des plaisirs & des affaires ; il y avoit dans ces mœurs quelque chose de simple & de populaire, & qui ressemble peu aux nostres, je l'avouë : mais cependant quels hommes en general, que les Atheniens ? & quelle ville, qu'Athenes? quelles loix ? quelle police? quelle valeur ? quelle discipline? quelle perfection dans toutes les sciences & dans tous les arts? mais quelle politesse dans le commerce ordinaire & dans le langage ? Theophraste, le mesme Theophraste dont l'on vient de dire de si grandes choses, ce parleur agreable, cet hom-

sur Theophraste.

me qui s'exprimoit divinement, fut reconnu étranger & appellé de ce nom par une simple femme de qui il achetoit des herbes au marché, & qui reconnut par je ne sçay quoy d'Attique qui luy manquoit, & que les Romains ont depuis appellé urbanité, qu'il n'estoit pas Athenien : Et Ciceron rapporte que ce grand Personnage demeura étonné de voir qu'ayant vieilli dans Athenes, possedant si parfaitement le langage Attique, & en ayant acquis l'accent par une habitude de tant d'années, il ne s'étoit pu donner ce que le simple peuple avoit naturellement & sans nulle peine. Que si l'on ne laisse pas de lire quelquefois dans ce traité des Caracteres de certaines mœurs qu'on ne peut excuser, & qui nous paroissent ridicules, il faut se souvenir qu'elles ont paru telles à Theophraste, qui les a regardées comme des vices dont il a fait une peinture naïve qui fit honte aux Atheniens, & qui servit à les corriger.

Enfin dans l'esprit de contenter ceux qui reçoivent froidement tout ce qui appartient aux Etrangers & aux Anciens & qui n'estiment que leurs mœurs, on les ajoûte

sur Theophraste.

ajoûte à cet ouvrage : l'on a crû pouvoir se dispenser de suivre le projet de ce Philosophe, soit parce qu'il est toûjours pernicieux de poursuivre le travail d'autruy, sur tout si c'est d'un Ancien, ou d'un Auteur d'une grande reputation ; soit encore parce que cette unique figure qu'on appelle description ou énumeration employée avec tant de succez dans ces vingt-huit chapitres des Caracteres pourroit en avoir un beaucoup moindre, si elle estoit traitée par un genie fort inferieur à celuy de Theophraste.

Au contraire se ressouve-

C

Discours

nant que parmi le grand nombre des traitez de ce Philosophe rapportez par Diogene Laërce, il s'en trouve un sous le titre de Proverbes, c'est à dire de pieces détachées, comme des reflexions ou des remarques; que le premier & le plus grand Livre de Morale qui ait esté fait, porte ce mesme nom dans les divines Ecritures ; on s'est trouvé excité par de si grands modeles à suivre selon ses forces une semblable maniere * d'écrire des mœurs; & l'on n'a point esté détourné de son entreprise par deux ouvrages de morale qui sont en-

* L'on entend cette maniere coupée dont Salomon a écrit ses Proverbes, & nullement le fond des choses qui sont divines & hors de toute comparaison.

sur Theophraste.
core dans les mains de tout le monde, & de qui, faute d'attention ou par un esprit de critique, quelques-uns pourroient penser que ces remarques sont imitées.

L'un par l'engagement de son Auteur fait servir la Metaphysique à la Religion, fait connoistre l'ame, ses passions, ses vices, traite les grands & les serieux motifs pour conduire à la vertu, & veut rendre l'homme Chrétien. L'autre qui est la production d'un esprit instruit par le commerce du monde, & dont la délicatesse estoit égale à la penetration, observant que l'amour propre est dans l'homme la cause de tous ses foibles, l'attaque sans relâche quelque part où il le trouve, & cette unique pensée comme multipliée en mille autres a toûjours par le choix des mots & par la varieté de l'expression, la grace de la nouveauté.

L'on ne suit aucune de ces routes dans l'ouvrage qui est joint à la traduction des Caracteres, il est tout different des deux autres que je viens de toucher; moins sublime que le premier, & moins délicat que le second il ne tend qu'à rendre l'homme raisonnable, mais par des voyes simples & communes, & en l'examinant indifferemment, sans beaucoup de methode, & selon que les divers Chapitres y conduisent par les âges, les sexes & les conditions, & par les vices, les foibles & le ridicule qui y sont attachez.

L'on s'est plus appliqué aux vices de l'esprit, aux replis du cœur, & à tout l'interieur de l'homme, que n'a fait Theophraste : & l'on peut dire que comme ses Caracteres par mille choses exterieures qu'ils font remarquer dans l'homme, par ses actions, ses paroles &

ses démarches, apprennent quel est son fond, & font remonter jusques à la source de son déreglement; tout au contraire les nouveaux Caracteres déployant d'abord les pensées, les sentimens & les mouvemens des hommes, découvrent le principe de leur malice & de leurs foiblesses, font que l'on prévoit aisément tout ce qu'ils sont capables de dire ou de faire, & qu'on ne s'étonne plus de mille actions vicieuses ou frivoles dont leur vie est toute remplie.

Il faut avoüer que sur les titres de ces deux ouvrages l'embarras s'est trouvé pres-

sur Theophraste.

que égal ; pour ceux qui partagent le dernier, s'ils ne plaisent point assez, l'on permet d'en suppléer d'autres : Mais à l'égard des titres des Caracteres de Theophraste, la mesme liberté n'est pas accordée, parce qu'on n'est point maistre du bien d'autruy, il a fallu suivre l'esprit de l'Auteur, & les traduire selon le sens le plus proche de la diction Grecque, & en mesme temps selon la plus exacte conformité avec leurs Chapitres, ce qui n'est pas une chose facile ; parce que souvent la signification d'un terme Grec traduit en François mot pour mot, n'est plus la mesme dans nostre langue ; par exemple, ironie est chez nous ou une raillerie dans la conversation, ou une figure de Rhetorique, & chez Theophraste c'est quelque chose entre la fourberie & la dissimulation, qui n'est pourtant ni l'une ni l'autre, mais précisément ce qui est decrit dans le dernier chapitre.

Et d'ailleurs les Grecs ont quelquefois deux ou trois termes assez differens pour exprimer des choses qui le font aussi ; & que nous ne sçaurions gueres rendre que par un seul mot ; cette pau-

sur Theophraste.

vreté embarasse. En effet l'on remarque dans cet ouvrage Grec trois especes d'avarice, deux sortes d'importuns, des flatteurs de deux manieres, & autant de grands parleurs; de sorte que les caracteres de ces personnes semblent rentrer les uns dans les autres au desavantage du titre; ils ne sont pas aussi toûjours suivis & parfaitement conformes; parce que Theophraste emporté quelquefois par le dessein qu'il a de faire des portraits, se trouve déterminé à ces changemens par le caractere seul & les mœurs du personnage qu'il peint ou

Discours dont il fait la satyre.

Les definitions qui sont au commencement de chaque Chapitre, ont eû leurs difficultez; elles sont courtes & concises dans Theophraste, selon la force du Grec & le style d'Aristote qui luy en a fourni les premieres idées; on les a étenduës dans la traduction pour les rendre intelligibles: il se lit aussi dans ce traité, des phrases qui ne sont pas achevées, & qui forment un sens imparfait auquel il a esté facile de suppléer le veritable; il s'y trouve de differentes leçons; quelques endroits tout à fait inter-

sur Theophraste.

rompus, & qui pouvoient recevoir diverses explications; & pour ne point s'égarer dans ces doutes, on a suivi les meilleurs interpretes.

Enfin comme cet ouvrage n'est qu'une simple instruction sur les mœurs des hommes, & qu'il vise moins à les rendre sçavans qu'à les rendre sages; l'on s'est trouvé exempt de le charger de longues & curieuses observations, ou de doctes commentaires qui rendissent un compte exact de l'antiquité; l'on s'est contenté de mettre de petites notes à côté de certains endroits que l'on

Discours

a crû les meriter; afin que nuls de ceux qui ont de la justesse, de la vivacité, & à qui il ne manque que d'avoir lû beaucoup ne se reprochent pas mesme ce petit defaut, ne puissent estre arrestez dans la lecture des Caracteres, & douter un moment du sens de Theophraste.

LES CARACTERES DE THEOPHRASTE.

TRADUITS DU GREC.

J'A y admiré souvent, & j'avouë que je ne puis encore comprendre, quelque serieuse reflexion que je fasse, pourquoy toute la Grece estant placée sous un mesme ciel, & les Grecs nourris & élevez de la *mesme maniere, il se trouve neanmoins

* Par rapport aux Barbares.

si peu de ressemblance dans leurs mœurs. Puis donc, mon cher Policles, qu'à l'âge de quatre-vingt dix-neuf ans où je me trouve, j'ay peut-estre assez vécu pour connoistre les hommes; que j'ay veu d'ailleurs pendant le cours de ma vie toute sorte de personnes, & de divers temperamens, & que je me suis toûjours attaché à étudier les hommes vertueux, comme ceux qui n'estoient connus que par leurs vices ; il semble que j'ay dû marquer les * caracteres des uns & des autres, & ne me pas contenter de peindre les Grecs en general, mais mesme de toucher ce qui est personnel, & ce que quelques-uns paroissent avoir de plus familier. J'espere, mon cher Policles, que cet ouvrage sera utile à ceux qui viendront aprés nous ; il leur trace des modeles

<small>dont les mœurs étoient tres-differentes de celles des Grecs.</small>

<small>* Theophraste avoit dessein de traiter de toutes les vertus & de tous les vices.</small>

qu'ils peuvent suivre ; il leur apprend à faire le discernement de ceux avec qui ils doivent lier quelque commerce, & dont l'émulation les portera à imiter leurs vertus & leur sagesse: Ainsi je vais entrer en matiere, c'est à vous de penetrer dans mon sens, & d'examiner avec attention si la verité se trouve dans mes paroles : & sans faire une plus longue Preface, je parleray d'abord de la dissimulation, je définiray ce vice, je diray ce que c'est qu'un homme dissimulé, je décriray ses mœurs, & je traiteray ensuite des autres passions, suivant le projet que j'en ay fait.

De la Diſſimulation.
De la Flatterie.
De l'Impertinent, ou du diſeur de rien.
De la Ruſticité.
Du Complaiſant.
De l'image d'un Coquin.
Du grand Parleur.
Du Debit des nouvelles.
De l'Effronterie cauſée par l'avarice.
De l'Epargne ſordide.
De l'Impudent ou de celuy qui ne rougit de rien.
Du Contre-temps.
De l'Air empreſſé.
De la Stupidité.
De la Brutalité.

De la superstition.
De l'Esprit chagrin.
De la Défiance.
D'un Vilain homme.
D'un homme Incommode.
De la sotte Vanité.
De l'Avarice.
De l'Ostentation.
De l'Orgüeil.
De la Peur ou du defaut de courage.
Des Grands d'une Republique.
D'une tardive Instruction.
De la Médisance.

DE LA DISSIMULATION.

*L'Auteur parle de celle qui ne vient pas de la prudence, & que les Grecs appelloient ironie.

LA * dissimulation n'est pas aisée à bien définir ; si l'on se contente d'en faire une simple description, l'on peut dire que c'est un certain art de composer ses paroles & ses actions pour une mauvaise fin. Un homme dissimulé se comporte de cette maniere ; il aborde ses ennemis, leur parle & leur fait croire par cette démarche qu'il ne les hait point ; il loüe ouvertement & en leur presence ceux à qui il dresse de secrettes embuches, & il s'afflige avec eux s'il leur est arrivé quelque disgrace ; il semble pardonner les discours offensans que l'on luy tient ; il recite froidement les plus horribles choses que l'on aura dites contre sa reputation, & il employe les paroles les plus flatteuses pour adoucir ceux qui se plaignent de luy, & qui sont aigris par les injures qu'ils en ont receuës. S'il arrive que quelqu'un l'aborde avec empressement, il feint des affaires, & luy dit de revenir une autrefois; il cache soigneusement tout ce qu'il fait, & à l'entendre parler, on croiroit toûjours qu'il delibere; il ne parle point indifferemment, il a ses raisons pour dire tantost qu'il ne fait que revenir de la campagne, tantost qu'il est arrivé à la ville fort tard, & quelquefois qu'il est languissant, ou qu'il a une mauvaise santé. Il dit à celuy qui luy emprunte de l'argent à interest, ou qui le prie de contribuer * de sa part à une somme que ses amis consentent de luy prester; qu'il ne vend rien, qu'il ne s'est jamais veu si denué d'argent; pendant qu'il dit aux autres que

* Cette sorte de contribution estoit frequente à Athenes, & autorisée par les loix

le commerce va le mieux du monde, quoy qu'en effet il ne vende rien. Souvent aprés avoir écouté ce que l'on luy a dit, il veut faire croire qu'il n'y a pas eu la moindre attention ; il feint de n'avoir pas apperçû les choses où il vient de jetter les yeux, ou s'il est convenu d'un fait, de ne s'en plus souvenir : il n'a pour ceux qui luy parlent d'affaires, que cette seule réponse, j'y penseray : il sçait de certaines choses, il en ignore d'autres ; il est saisi d'admiration ; d'autres fois il aura pensé comme vous sur cet évenement, & cela selon ses differens interests; son langage le plus ordinaire est celuy-cy ; je n'en crois rien, je ne comprends pas que cela puisse estre, je ne sçay où j'en suis, ou bien, il me semble que je ne suis pas moy-mesme ; & ensuite, ce n'est pas ainsi qu'il me l'a fait entendre, voilà une chose merveilleuse, & qui passe toute creance, contez cela à d'autres, dois-je vous croire? ou me persuaderay-je qu'il ne m'ait pas dit la verité? paroles doubles & artificieuses, dont il faut se défier comme de ce qu'il y a au monde de plus pernicieux: ces manieres d'agir ne partent point d'un ame simple & droite, mais d'une mauvaise volonté, ou d'un homme qui veut nuire : le venin des Aspics est moins à craindre.

DE LA FLATTERIE.

LA flatterie est un commerce honteux qui n'est utile qu'au flatteur. Si un flatteur se promene avec quelqu'un dans la place, remarquez-vous, luy dit-il, côme tout le monde a les yeux sur vous? cela n'arrive qu'à vous seul ; hier il fut bien parlé de vous, & l'on ne tarissoit point sur vos loüanges ; nous nous trouvâmes plus de trente per- sonnes dans un endroit du * Por- tique ; & comme par la suite du discours l'on vint à tomber sur celuy que l'on devoit estimer le plus homme de bien de la vil- le, tous d'une commune voix vous nommerent, & il n'y eut pas un seul qui vous refusât ses suffrages ; il luy dit mille cho- ses de cette nature. Il affecte d'appercevoir le moindre duvet qui se sera attaché à vostre ha- bit, de le prendre & le souffler à terre ; si par hazard le vent a fait voler quelques petites pail- les sur vostre barbe, ou sur vos cheveux, il prend soin de vous les oster ; & vous soûriant, il est merveilleux, dit-il, combien vous estes blanchi * depuis deux jours que je ne vous ay pas

* Edifice public qui servit de- puis à Ze- non & à ses disciples de rendez- vous pour leurs dis- putes ; ils en furent ap- pellez Stoï- ciens : car *stoa*, mot Grec, si- gnifie Por- tique.

* Allusion à la nuan-

veu; & il ajoûte, voilà encore ce que de petites pailles font dans les cheveux.
pour un homme de vostre âge * assez de cheveux noirs. Si celuy qu'il veut flatter prend la parole, il impose silence à tous ceux qui se trouvent presens, & il les force d'approuver aveuglément tout ce qu'il avance; & dés qu'il a cessé de parler, il se récrie, cela est dit le mieux du monde, rien n'est plus heureusement rencontré : D'autrefois s'il arrive à ce personnage de faire à quelqu'un une raillerie froide, il ne manque pas de luy applaudir, d'entrer dans cette mauvaise plaisanterie ; & quoy qu'il n'ait nulle envie de rire, il porte à sa bouche l'un des bouts de son manteau, comme s'il ne pouvoit se contenir, & qu'il voulût s'empêcher d'éclater : & s'il l'accompagne lors qu'il marche par la ville, il dit à ceux qu'il rencontre dans son chemin, de

* Il parle à un jeune-homme.

s'arrêter jusqu'à ce qu'il soit passé : il achete des fruits, & les porte chez ce citoyen, il les donne à ses enfans en sa presence, il les baise, il les carresse, voilà, dit il, de jolis enfans & dignes d'un tel pere : s'il sort de sa maison, il le suit ; s'il entre dans une boutique pour essayer des souliers, il luy dit, vostre pied est mieux fait que cela ; il l'accompagne ensuite chez ses amis, ou plûtost il entre le premier dans leur maison, & leur dit, un tel me suit, & vient vous rendre visite, & retournant sur ses pas, je vous ay annoncé, dit-il, & l'on se fait un grand honneur de vous recevoir. Le flatteur se met à tout sans hesiter, se mêle des choses les plus viles, & qui ne conviennent qu'à des femmes : s'il est invité à souper, il est le premier des conviez à loüer le vin ; assis à table le plus proche de celuy qui fait le repas, il luy repete souvent, en verité vous faites une chere delicate, & montrant aux autres quelqu'un des mets qu'il souleve du plat, cela s'appelle, dit-il, un morceau friand; il a soin de luy demander s'il a froid, s'il ne voudroit point une autre robbe, & il s'empresse de le mieux couvrir; il luy parle sans cesse à l'oreille, & si quelqu'un de la compagnie l'interroge, il luy répond negligemment & sans le regarder, n'ayant des yeux que pour un seul: Il ne faut pas croire qu'au theatre il oublie d'arracher des carreaux des mains du valet qui les distribuë, pour les porter à sa place, & l'y faire asseoir plus mollement: J'ay dû dire aussi qu'avant qu'il sorte de sa maison, il en louë l'architecture, se récrie sur toutes choses, dit que les jardins sont bien plantez ; & s'il apperçoit quelque part le portrait du maistre, où il soit extremement flatté, il est touché de voir combien il luy ressemble, & il l'admire comme un chef-d'œuvre. En un mot le flatteur ne dit rien & ne fait rien au hazard ; mais il rapporte toutes ses paroles & toutes ses actions au dessein qu'il a de plaire à quelqu'un, & d'acquerir ses bonnes graces.

DE L'IMPERTINENT ou du diseur de rien.

LA sotte envie de discourir vient d'une habitude qu'on a contractée de parler beaucoup & sans reflexion. Un homme qui veut parler se trouvant assis proche d'une personne qu'il n'a jamais veuë, & qu'il ne connoist point, entre d'abord en matiere, l'entretient de sa femme, & luy fait son éloge, luy conte son songe, luy fait un long détail d'un repas où il s'est trouvé, sans oublier le moindre mets ni un seul service ; il s'échauffe ensuite dans la conversation, declame contre le temps present, & soûtient que les hommes qui vivent presentement ne valent point leurs peres : de là il se jette sur ce qui se debite au marché, sur la cherté du bled, sur le grand nombre d'étrangers qui sont dans la ville : il dit qu'au Printemps où commencent les bacchanales*, la mer devient navigable ; qu'un peu de pluye seroit utile aux biens de la terre, & feroit esperer une bonne recolte ; qu'il cultivera son champ l'anné prochaine, & qu'il le mettra en valeur ; que le siecle est dur, & qu'on a bien de la peine à vivre : Il apprend à cet inconnu que c'est Damippus

* Premieres Bacchanales qui se celebroient dans la ville.

qui a fait brûler la plus belle torche devant l'Autel de Ceres * à la feste des Mysteres ; il luy demande combien de colomnes soûtiennent le theatre de la Musique, quel est le quantiéme du mois; il luy dit qu'il a eu la veille une indigestion : & si cet homme à qui il parle, a la patience de l'écouter, il ne partira pas d'auprés de luy; il luy annoncera comme une chose nouvelle, que les * Misteres se celebrent dans le mois d'Aoust, les * *Apaturies* au mois d'Octobre, & à la campagne dans le mois de Decembre les Baccanales †. Il n'y a avec de si grands causeurs qu'un parti à prendre, qui est de s'enfuir de toute sa force & sans regarder derriere soy, si l'on veut du moins éviter la fiévre : Car quel

*Les mysteres de Ceres se celebroient la nuit, & il y avoit une émulation entre les Atheniens à qui y apporteroit une plus grande torche.

* Feste de Ceres. V. cy-dessus.
* En François la feste des tromperies; elle se faisoit en l'honneur de Bacchus. Son origine ne fait rien aux mœurs de ce chapitre.

† Secondes Baccanales qui se celebroient en Hyver à la Campagne.

moyen de pouvoir tenir contre des gens qui ne sçavent pas discerner ni vôtre loisir, ni le temps de vos affaires.

De la Rusticité.

IL semble que la rusticité n'est autre chose qu'une ignorance grossiere des bien-seances. L'on voit en effet des gens rustiques, & sans reflexion, sortir un jour de medecine *, & se trouver en cet état dans un lieu public parmy le monde; ne pas faire la difference de l'odeur forte du thim ou de la marjolaine d'avec les parfums les plus délicieux; estre chauffez large & grossierement; parler haut, & ne pouvoir se reduire à un ton de voix moderé; ne se pas fier à leurs amis sur les moindres affaires, pendant qu'ils s'en entretiennent avec leurs domestiques, jusques à rendre

* Le texte Grec nomme une certaine drogue qui rendoit l'haleine fort mauvaise le jour qu'on l'avoit prise.

compte à leurs moindres valets de ce qui aura esté dit dans une assemblée publique : on les voit assis, leur robe relevée jusques aux genoux & d'une maniere indecente : Il ne leur arrive pas en toute leur vie de rien admirer ny de paroistre surpris des choses les plus extraordinaires que l'on rencontre sur les chemins ; mais si c'est un bœuf, un asne, où un vieux bouc, alors ils s'arrétent & ne se lassent point de les contempler : Si quelquefois ils entrent dans leur cuisine, ils mangent avidement tout ce qu'ils y trouvent, boivent tout d'une haleine une grande tasse de vin pur ; ils se cachent pour cela de leur servante, avec qui d'ailleurs ils vont au moulin, & entrent dans les plus petits détails du domestique : ils interrōpent leur souper, & se levét pour donner une poignée d'herbes

aux bestes * de charruë qu'ils *des bœufs.
ont dans leurs étables; heurte-
t'on à leur porte pendant qu'ils
disnent, ils sont attentifs & curieux ; vous remarquez toûjours
proche de leur table un gros
chien de cour qu'ils appellent à
eux, qu'ils empoignent par la
gueule, en disant, voilà celuy
qui garde la place, qui prend
soin de la maison & de ceux
qui sont dedans. Ces gens,
épineux dans les payemens
que l'on leur fait, rebutent
un grand nombre de pieces
qu'ils croyent legeres, ou qui ne
brillent pas assez à leurs yeux, &
qu'on est obligé de leur changer:
ils sont occupez pendant la nuit
d'une charruë, d'un sac, d'une
faulx, d'une corbeille, & ils ré-
vent à qui ils ont presté ces
ustencilles ; & lors qu'ils marchent par la ville, combien vaut,
demandent-ils aux premiers

qu'ils rencontrent, le poisson salé ? les fourrures se vendent-elles bien ? n'est-ce pas aujourd'huy que les jeux * nous ramenent une nouvelle lune ? d'autres fois ne sçachant que dire, ils vous apprennent qu'ils vont se faire razer, & qu'ils ne sortent que pour cela : ce sont ces mesmes personnes que l'on entend chanter dans le bain, qui mettent des clous à leurs souliers, & qui se trouvant tous portez devant la boutique d'Archias, † achetent eux-mesmes des viandes salées, & les apportent a la main en pleine ruë.

* Cela est dit rustiquement ; un autre diroit que la nouvelle lune ramene les jeux : & d'ailleurs c'est comme si le jour de Pasques quelqu'un disoit, n'est-ce pas aujourd'huy Pasques ?

† Fameux marchand de chairs salées, nourriture ordinaire du peuple.

Du Complaisant.*

*Ou de l'envie de plaire.

POUR faire une définition un peu exacte de cette affectation que quelques-uns ont de plaire à tout le monde, il faut dire que c'est une maniere de vivre, où l'on cherche beaucoup moins ce qui est vertueux & honnête, que ce qui est agreable. Celuy qui a cette passion, d'aussi loin qu'il apperçoit un homme dans la place, le saluë en s'écriant, voilà ce qu'on appelle un homme de bien, l'aborde, l'admire sur les moindres choses, le retient avec ses deux mains de peur qu'il ne luy échape ; & aprés avoir fait quelques pas avec luy, il luy demande avec empressement quel jour on pourra le voir, & enfin ne s'en separe qu'en luy donnant mille éloges. Si quelqu'un le choisit pour arbitre dans un procez, il ne doit pas attendre de luy qu'il luy soit plus favorable qu'à son adversaire ; comme il veut plaire à tous deux, il les ménagera également : c'est dans cette veuë que pour se concilier tous les étrangers qui sont dans la ville, il leur dit quelquefois qu'il leur trouve plus de raison & d'équité que dans ses concitoyens. S'il est prié d'un repas, il demande en entrant à celuy qui l'a convié où sont ses enfans ; & dés qu'ils paroissent, il se récrie sur la ressemblance qu'ils ont avec leur pere, & que deux figues ne se ressemblent pas mieux ; il les fait approcher de luy, il les baise, & les ayant fait asseoir à ses deux côtez, il badine avec eux, à qui est, dit-il, la petite bouteille ? à qui est la jolie coignée *; il les prend enfuite fur luy & les laiffe dormir fur fon eftomac, quoy qu'il en foit incommodé. Celuy enfin qui veut plaire fe fait rafer fouvent, a un fort grand foin de fes dents, change tous les jours d'habits & les quitte prefque tous neufs; il ne fort point en public qu'il ne foit parfumé ; on ne le voit gueres dans les falles publiques qu'auprés des * comptoirs des Banquiers, & dans les Ecoles qu'aux endroits feulement où s'exercent les jeunes gens, * ainfi qu'au theatre les jours de fpectacle, dans les meilleures places & tout proche des Preteurs. Ces gens encore n'achetent jamais rien pour eux, mais ils envoyent à Byzance toute forte de bijoux precieux, des chiens de Sparte à Cyzique, & à Rhodes l'excellent miel du Mont Hymette ; & ils pren-

* Petits jouets que les Grecs pendoent au cou de leurs enfans.

* C'eftoit l'endroit où s'affembloient les plus honneftes gens de la ville.

* Pour eftre connu d'eux, & en eftre regardé, ainfi que de tous ceux qui s'y trouvoient.

nent soin que toute la ville soit informée qu'ils font ces emplettes : leur maison est toûjours remplie de mille choses curieuses qui font plaisir à voir, ou que l'on peut donner, comme des Singes & des * Satyres qu'ils sçavent nourrir, des pigeons de Sicile, des dez qu'ils font faire d'os de chévre, des phioles pour des parfums, des cannes torses que l'on fait à Sparte, & des tapis de Perse à personnages. Ils ont chez eux jusques à un jeu de paulme, & une arene propre à s'exercer à la lutte ; & s'ils se promenent par la ville, & qu'ils rencontrent en leur chemin des Philosophes, des Sophistes, * des Escrimeurs ou des Musiciens, ils leur offrent leur maison pour s'y exercer chacun dans son art indifferemment ; ils se trouvent presens à ces exercices, & se meslant avec ceux qui vien-

* Une espece de singes.

* Une sorte de Philosophes vains & interessez.

nent là pour regarder, à qui croyez-vous qu'appartienne une si belle maison & cette arene si commode ? vous voyez, ajoûtent-ils, en leur montrant quelque homme puissant de la ville, celuy qui en est le maître, & qui en peut disposer.

DE L'IMAGE D'UN COQUIN.

UN coquin est celuy à qui les choses les plus honteuses ne coûtent rien à dire, ou à faire ; qui jure volontiers, & fait des sermens en justice autant que l'on luy en demande, qui est perdu de reputation, que l'on outrage impunément, qui est un chicanneur de profession, un effronté, & qui se mêle de toutes sortes d'affaires. Un homme de ce caractere entre * sans masque dans une dance comi-

* Sur le theatre avec des farceurs.

que; & mesme sans estre yvre, mais de sang froid il se distingue dans la dance * la plus obscene par les postures les plus indecentes : c'est luy qui dans ces lieux où l'on voit des prestiges, † s'ingere de recüeillir l'argent de chacun des spectateurs, & qui fait querelle à ceux qui estant entrez par billets croyent ne devoir rien payer. Il est d'ailleurs de tous métiers, tantost il tient une taverne, tantost il est suppost de quelque lieu infame, une autre fois partisan, il n'y a point de si sale commerce où il ne soit capable d'entrer ; vous le verrez aujourd'huy crieur public, demain cuisinier ou brelandier, tout luy est propre : S'il a une mere, il la laisse mourir de faim ; il est sujet au larcin, & à se voir traîner par la ville

*Cette dance la plus dereglée de toutes s'appelloit en Grec *Cordax*, parce que l'on s'y servoit d'une corde pour faire des postures.

† Choses fort extraordinaires telles qu'on en voit dans nos foires.

dans une prison sa demeure ordinaire & où il passe une partie de sa vie. Ce sont ces sortes de gens que l'on voit se faire entourer du peuple, appeller ceux qui passent, & se plaindre à eux avec une voix forte & enroüée, insulter ceux qui les contredisent ; les uns fendent la presse pour les voir, pendant que les autres contens de les avoir veus se dégagent & poursuivent leur chemin sans vouloir les écouter ; mais ces effrontez continüent de parler, ils disent à celuy-cy le commencement d'un fait, quelque mot à cet autre, à peine peut-on tirer d'eux la moindre partie de ce dont il s'agit ; & vous remarquerez qu'ils choisissent pour cela des jours d'assemblée publique où il y a un grand concours de monde qui se trouve le témoin de leur insolence : toûjours accablez de procez que l'on intente contre eux, ou qu'ils ont intentez à d'autres, de ceux dont ils se délivrent par de faux sermens, comme de ceux qui les obligent de comparoistre, ils n'oublient jamais de porter leur boëte * dans leur sein, & une liasse de papiers entre leurs mains; vous les voyez dominer parmi de vils praticiens à qui ils prétent à usure, retirant chaque jour une obole, & demie de chaque dragme,† ensuite frequenter les tavernes, parcourir les lieux où l'on debite le poisson frais ou salé, & consumer ainsi en bonne chere tout le profit qu'ils tirent de cette espece de trafic. En un mot ils sont querelleux & difficiles, ont sans cesse la bouche ouverte à la calomnie, ont une voix étourdissante, & qu'ils font retentir

* Une petite boëtte de cuivre fort legere où les plaideurs mettoient leurs titres & les pieces de leur procez.

† Une obole étoit la sixiéme partie d'une dragme.

dans les marchez & dans les boutiques.

Du grand Parleur.*

*Ou du babil.

CE que quelques-uns appellent *babil* est proprement une intemperance de langue qui ne permet pas à un homme de se taire. Vous ne contez pas la chose comme elle est, dira quelqu'un de ces grands parleurs à quiconque veut l'entretenir de quelque affaire que ce soit ; j'ay tout sçû, & si vous vous donnez la patience de m'écouter, je vous apprendray tout ; & si cet autre continuë de parler, vous avez déja dit cela ; songez, poursuit il, à ne rien oublier ; fort bien ; cela est ainsi, car vous m'avez heureusement remis dans le fait ; voyez ce que c'est que de s'entendre les uns les autres ; & enfuite, mais que veux-je dire ? ah j'oubliois une chose ! oüi c'est cela mesme, & je voulois voir si vous tomberiez juste dans tout ce que j'en ay appris : c'est par de telles ou semblables interruptions qu'il ne donne pas le loisir à celuy qui luy parle, de respirer : Et lors qu'il a comme assassiné de son *babil* chacun de ceux qui ont voulu lier avec luy quelque entretien, il va se jetter dans un cercle de personnes graves qui traitent ensemble de choses serieuses & les met en fuite ; de là il entre * dans les Ecoles publiques & dans les lieux des exercices, où il amuse les maîtres par de vains discours, & empêche la jeunesse de profiter de leurs leçons. S'il échape à quelqu'un de dire, je m'en vais, celuy-cy se met à le suivre, & il ne l'abandonne point qu'il ne

* C'estoit un crime puni de mort à Athenes par une loy de Solon, à laquelle on avoit un peu dérogé au temps de Theophraste.

fait remis jusques dans sa maison : si par hazard il a appris ce qui aura esté dit dans une assemblée de ville, il court dans le mesme temps le divulguer; il s'étend merveilleusement sur la fameuse bataille * qui s'est donnée sous le gouvernement de l'Orateur Aristophon, comme sur le combat † celebre que ceux de Lacedemone ont livré aux Atheniens sous la conduite de Lisandre : Il raconte une autre fois quels applaudissemens a eu un discours qu'il a fait dans le public, en repete une grande partie, mêle dans ce recit ennuyeux des invectives contre le peuple ; pendant que de ceux qui l'écoutent, les uns s'endorment, les autres le quittent, & que nul ne se ressouvient d'un seul mot qu'il aura dit. Un grand

* C'est à dire sur la bataille d'Arbeles & la victoire d'Alexandre suivie de la mort de Darius, dont les nouvelles vinrent à Athenes, lors qu'Aristophon celebre Orateur estoit premier Magistrat.

† Il estoit plus ancien que la bataille d'Arbeles, mais trivial & sçû de tout le peuple.

causeur en un mot, s'il est sur les tribunaux, ne laisse pas la liberté de juger ; il ne permet pas que l'on mange à table ; & s'il se trouve au theatre, il empêche non seulement d'entendre, mais même de voir les acteurs : on luy fait avoüer ingenuëment qu'il ne luy est pas possible de se taire, qu'il faut que sa langue se remuë dans son palais comme le poisson dans l'eau, & que quand on l'accuseroit d'estre plus *babillard* qu'une hirondelle, il faut qu'il parle ; aussi écoute-t'il froidement toutes les railleries que l'on fait de luy sur ce sujet ; & jusques à ses propres enfans, s'ils commencent à s'abandonner au sommeil, faites-nous, luy disent-ils, un conte qui acheve de nous endormir.

Du Débit des Nouvelles.

UN nouvelliste ou un conteur de fables est un homme qui arrange selon son caprice ou des discours ou des faits remplis de fausseté; qui lors qu'il rencontre l'un de ses amis, compose son visage, & luy soûriant, d'où venez-vous ainsi, luy dit-il? que nous direz-vous de bon? n'y a-t'il rien de nouveau ? & continuant de l'interroger, quoy donc n'y a-t'il aucune nouvelle? cependant il y a des choses étonnantes à raconter, & sans luy donner le loisir de luy répondre, que dites-vous donc, poursuit-il ? n'avez-vous rien entendu par la ville? Je vois bien que vous ne sçavez rien, & que je vais vous regaler de grandes nouveautez : alors ou c'est un soldat, ou le fils d'Astée le Joüeur de * flute, ou Lycon l'Ingenieur, tous gens qui arrivent fraîchement de l'armée, de qui il sçait toutes choses ; car il allegue pour témoins de ce qu'il avance, des hommes obscurs qu'on ne peut trouver pour les convaincre de fausseté : il asseure donc que ces personnes luy ont dit que le * Roy & Polisper-con † ont gagné la bataille, & que Cassandre leur ennemi est tombé * vif entre leurs mains ; & lorsque quelqu'un luy dit, mais en verité cela est-il croyable ? il luy replique que cette nouvelle se crie & se répand par toute la ville, que tous s'accordent à dire la mesme chose, que c'est tout ce qui se raconte du combat, & qu'il y a eu un grand

* L'usage de la flute, tres-ancien dans les troupes.

* Aridée frere d'Alexandre le Grand.
† Capitaine du mesme Alexandre.

* C'estoit un faux bruit, & Cassandre fils d'Antipater disputant à Aridée & à Polisper-con la tutelle des enfans d'Alexandre, avoit eu de l'avantage sur eux.

carnage : Il ajoûte qu'il a lû cet évenement sur le visage de ceux qui gouvernent, qu'il y a un homme caché chez l'un de ces Magistrats depuis cinq jours entiers, qui revient de la Macedoine, qui a tout veu & qui luy a tout dit ; ensuite interrompant le fil de sa narration, que pensez-vous de ce succez, demande-t'il à ceux qui l'écoutent ? Pauvre Cassandre, malheureux Prince, s'écrie-t'il d'une maniere touchante : voyez ce que c'est que la fortune, car enfin Cassandre estoit puissant, & il avoit avec lui de grandes forces; ce que je vous dis, poursuit-il, est un secret qu'il faut garder pour vous seul, pendant qu'il court par toute la ville le debiter à qui le veut entendre. Je vous avoüe que ces diseurs de nouvelles me donnent de l'admiration, & que je ne conçois pas quelle est la fin qu'ils se proposent ; car pour ne rien dire de la bassesse qu'il y a à toûjours mentir, je ne vois pas qu'ils puissent recüeillir le moindre fruit de cette pratique ; au contraire il est arrivé à quelques-uns de se laisser voler leurs habits dans un bain public, pendant qu'ils ne songeoient qu'à rassembler autour d'eux une foule de peuple, & à luy conter des nouvelles ; quelques autres aprés avoir vaincu sur mer & sur terre dans le † Portique, ont payé l'amande pour n'avoir pas comparu à une cause appellée ; enfin il s'en est trouvé qui le jour mesme qu'ils ont pris une ville, du moins par leurs beaux discours, ont manqué de dîner. Je ne crois pas qu'il y ait rien de si miserable que la condition de ces personnes ; car quelle est la boutique, quel est le portique, quel est l'endroit d'un mar-

† V. le chap. de la flatterie.

ché public où ils ne paſſent tout le jour à rendre ſourds ceux qui les écoutent, ou à les fatiguer par leurs menſonges?

De l'Effronterie cauſée par l'avarice.

POur faire connoiſtre ce vice, il faut dire que c'eſt un mépris de l'honneur dans la vûë d'un vil intereſt. Un homme que l'avarice rend effronté, oſe emprunter une ſomme d'argent à celuy à qui il en doit déja, & qu'il luy retient avec injuſtice. Le jour meſme qu'il aura ſacrifié aux Dieux, au lieu de manger * religieuſement chez ſoy une partie des viandes conſacrées, il les fait ſaler pour luy ſervir dans pluſieurs repas, & va ſouper chez l'un de ſes amis, & là à table à la veuë de tout

* C'eſtoit la coûtume des Grecs. V. le chap. du contre-temps.

le monde il appelle son valet qu'il veut encore nourrir aux dépens de son hoste, & luy coupant un morceau de viande qu'il met sur un quartier de pain, tenez, mon ami, luy dit-il, faites bonne chere. Il va luy-mesme au marché acheter * des viandes cuites, & avant que de convenir du prix, pour avoir une meilleure composition du marchand, il le fait ressouvenir qu'il luy a autrefois rendu service ; il fait ensuite peser ces viandes, & il en entasse le plus qu'il peut ; s'il en est empêché par celuy qui les luy vend, il jette du moins quelque os dans la balance; si elle peut tout contenir, il est satisfait, sinon il ramasse sur la table des morceaux de rebut comme pour se dédommager, soûrit & s'en va. Une autre fois sur l'argent qu'il aura reçû de quelques étrangers,

* Comme le menu peuple, qui achetoit son souper chez les Chaircutiers.

pour leur loüer des places au theatre, il trouve le secret d'avoir sa part franche du spectacle, & d'y envoyer le lendemain ses enfans & leur Precepteur. Tout luy fait envie, il veut profiter des bons marchez, & demande hardiment au premier venu une chose qu'il ne vient que d'acheter ; se trouve-t'il dans une maison étrangere, il emprunte jusques à l'orge & à la paille, encore faut-il que celuy qui les luy prête, fasse les frais de les faire porter jusques chez luy. Cet effronté en un mot entre sans payer dans un bain public, & là en presence du baigneur qui crie inutilement contre luy, prenant le premier vase qu'il rencontre, il le plonge dans une cuve d'airain qui est remplie d'eau, se la * répand sur tout le corps ; me voilà lavé, ajoûte-t'il, autant que j'en ay

* Les plus pauvres se lavoient ainsi pour payer moins.

besoin, & sans en avoir obligation à personne, remet sa robe & disparoît.

DE L'EPARGNE SORDIDE.

CETTE espece d'avarice est dans les hommes une passion de vouloir ménager les plus petites choses sans aucune fin honneste. C'est dans cet esprit que quelques-uns recevant tous les mois le loyer de leur maison, ne negligent pas d'aller eux-mesmes demander la moitié d'une obole qui manquoit au dernier payement que l'on leur a fait : que d'autres faisant l'effort de donner à manger chez eux, ne sont occupez pendant le repas qu'à compter le nombre de fois que chacun des conviez demande à boire : ce sont eux encore dont la portion des premices * des viandes que l'on envoye sur l'Autel de Diane, est toûjours la plus petite. Ils apprecient les choses au dessous de ce qu'elles valent, & de quelque bon marché qu'un autre en leur rendant compte veüille se prévaloir, ils luy soûtiennent toûjours qu'il a acheté trop cher. Implacables à l'égard d'un valet qui aura laissé tomber un pot de terre, ou cassé par malheur quelque vase d'argile, ils luy déduisent cette perte sur sa nourriture : mais si leurs femmes ont perdu seulement un denier, il faut alors renverser toute une maison, déranger les lits, transporter des coffres, & chercher dans les recoins les plus cachez. Lors qu'ils vendent, ils n'ont que cette unique chose en veuë, qu'il n'y ait qu'à perdre pour celuy qui achete. Il n'est permis à personne de cüeillir une

* Les Grecs commençoient par ces offrandes leurs repas publics.

figue dans leur jardin, de passer au travers de leur champ, de ramasser une petite branche de palmier, ou quelques olives qui seront tombées do l'arbre : ils vont tous les jours se promener sur leurs terres, en remarquent les bornes, voyent si l'on n'y a rien changé, & si elles sont toûjours les mesmes. Ils tirent interest de l'interest mesme, & ce n'est qu'à cette condition qu'ils donnent du temps à leurs creanciers. S'ils ont invité à dîner quelques-uns de leurs amis, & qui ne sont que des personnes du peuple, ils ne feignent point de leur faire servir un simple hachis, & on les a veûs souvent aller eux-mesmes au marché pour ces repas, y trouver tout trop cher, & en revenir sans rien acheter : ne prenez pas l'habitude, disent-ils à leurs femmes, de prêter vostre sel, vostre orge, vostre farine, ny mesme du *cumin, de la † marjolaine, des gateaux* pour l'autel, du cotton, de la laine; car ces petits détails ne laissent pas de monter à la fin d'une année à une grosse somme. Ces avares en un mot ont des trousseaux de clefs roüillées dont ils ne se servent point, des cassettes où leur argent est en dépost, qu'ils n'ouvrent jamais, & qu'ils laissent moisir dans un coin de leur cabinet; ils portent des habits qui leur sont trop courts & trop étroits; les plus petites phioles contiennent plus d'huile qu'il n'en faut pour les oindre; ils ont la teste rasée jusqu'au cuir; se déchaussent vers le * milieu du jour pour épargner leurs souliers; vont trouver les foulons pour obtenir d'eux de ne pas épargner la craye

* Une sorte d'herbes.

* Faits de farine & de miel, & qui servoient aux Sacrifices.

* Parce que dans cette partie du jour le froid en toute saison estoit supportable.

† Elle empêche les viandes de se corrompre, ainsi que le Thim & le Laurier.

dans la laine qu'ils leur ont donnée à preparer, afin, disent ils, que leur étoffe se tache moins. *

* C'estoit aussi parce que cet appreſt avec de la craye comme le pire de tous, & qui rendoit les étoffes dures & grossieres, étoit celuy qui coûtoit le moins.

De l'Impudent
Ou de celuy qui ne rougit de rien.

L'Impudence est facile à définir ; il suffit de dire que c'est une profession ouverte d'une plaisanterie outrée, comme de ce qu'il y a de plus honteux & de plus contraire à la bienseance. Celui-là, par exemple, est impudent, qui voyant venir vers luy une femme de condition, feint dans ce moment quelque besoin pour avoir occasion de se montrer à elle d'une maniere deshonneste ; qui se plaist à battre des mains au theatre lorsque tout le monde se tait, ou à siffler les acteurs que
les

les acteurs, que les autres voyent & écoutent avec plaisir ; qui couché sur le dos pendant que toute l'assemblée garde un profond silence, fait entendre de sales hocquets qui obligent les spectateurs de tourner la tête & d'interrompre leur attention. Un homme de ce caractere achete en plein marché des noix, des pommes, toute sorte de fruits, les mange, cause debout avec la Fruitiere, appelle par leurs noms ceux qui passent sans presque les connoistre, en arreste d'autres qui courent par la place, & qui ont leurs affaires ; & s'il voit venir quelque plaideur, il l'aborde, le raille & le congratule sur une cause importante qu'il vient de perdre. Il va luy-mesme choisir de la viande, & loüer pour un souper des femmes qui joüent de la flûte, & montrant à ceux

E

qu'il rencontre ce qu'il vient d'acheter, il les convie en riant d'en venir manger. On le voit s'arrester devant la boutique d'un Barbier ou d'un Parfumeur, & là * annoncer qu'il va faire un grand repas & s'enyvrer. Si quelquefois il vend du vin, il le fait mêler pour ses amis comme pour les autres sans distinction. Il ne permet pas à ses enfans d'aller à l'Amphitheatre avant que les jeux soient commencez, & lorsque l'on paye pour estre placé, mais seulement sur la fin du spectacle, & quand * l'Architecte neglige les places & les donne pour rien. Estant envoyé avec quelques autres citoyens en ambassade, il laisse chez soy la somme que le public luy a donnée pour faire les frais de son voyage, & emprunte de l'argent de ses Collegues; sa coûtume alors est

* Il y avoit des gens faineans & desoccupez qui s'assembloient dans leurs boutiques.

* L'Architecte qui avoit bâti l'Amphitheatre, & à qui la Republique donnoit le loüage des places en payement.

de charger son valet de fardeaux au delà de ce qu'il en peut porter, & de luy retrancher cependant de son ordinaire ; & comme il arrive souvent que l'on fait dans les villes des presens aux Ambassadeurs, il demande sa part pour la vendre. Vous m'achetez toûjours, dit-il au jeune esclave qui le sert dans le bain, une mauvaise huile, & qu'on ne peut supporter; & il se sert ensuite de l'huile d'un autre, & épargne la sienne. Il envie à ses propres valets qui le suivent la plus petite piece de monnoye qu'ils auront ramassée dans les ruës, & il ne manque point d'en retenir sa part avec ce mot, * *Mercure est commun*: Il fait pis, il distribuë à ses domestiques leurs provisions dans une certaine mesure dont le fond creux par dessous s'enfonce en dedans, & s'éleve

* Proverbe Grec qui revient à nostre *Ie retiens part*.

comme en pyramide, & quand elle est pleine, il la rase luy-mesme avec le rouleau le plus prés qu'il peut *... De mesme s'il paye à quelqu'un trente mines † qu'il luy doit, il fait si bien qu'il y manque quatre dragmes *, dont il profite : mais dans ces grands repas où il faut traiter toute une tribu, il fait recüeillir par ceux de ses domestiques qui ont soin de la table, le reste des viandes qui ont esté servies, pour luy en rendre compte ; il seroit fâché de leur laisser une rave à demi mangée.

* Quelque chose manque icy dãs le texte.

† Mine se doit prendre icy pour une piece de monnoye.

Athenes estoit partagée en plusieurs tribus. V. le chap. de la médisance.

* Dragmes petites pieces de monnoye dont il en faloit cent à Athenes pour faire une mine.

Du Contre-temps.

CEtte ignorance du temps & de l'occasion est une maniere d'aborder les gens ou d'agir avec eux, toûjours incommode & embarassante. Un importun est celuy qui choisit le moment que son ami est accablé de ses propres affaires, pour luy parler des siennes ; qui va souper chez sa maistresse le soir mesme qu'elle a la fiévre ; qui voyant que quelqu'un vient d'estre condamné en justice de payer pour un autre pour qui il s'est obligé, le prie neanmoins de répondre pour luy ; qui comparoist pour servir de témoin dans un procez que l'on vient de juger ; qui prend le temps des nôces où il est invité pour se déchaîner contre les femmes;

qui entraîne à la promenade des gens à peine arrivez d'un long voyage, & qui n'aspirent qu'à se reposer : fort capable d'amener des Marchands pour offrir d'une chose plus qu'elle ne vaut aprés qu'elle est venduë ; de se lever au milieu d'une assemblée pour reprendre un fait dés ses commencemens, & en instruire à fond ceux qui en ont les oreilles rebatuës, & qui le sçavent mieux que luy : souvent empressé pour engager dans une affaire des personnes qui ne l'affectionnant point, n'osent pourtant refuser d'y entrer. S'il arrive que quelqu'un dans la ville doive faire un festin † aprés

---

† Les Grecs le jour mesme qu'ils avoient sacrifié, ou soupoient avec leurs amis, ou leur envoyoient à chacun une portion de la victime. C'estoit donc un contre-temps de demander sa part prematurément, & lorsque le festin estoit resolu auquel on pouvoit mesme estre invité.

avoir sacrifié, il va luy demander une portion des viandes qu'il a preparées. Une autre fois s'il voit qu'un Maistre châtie devant luy son esclave; j'ay perdu, dit il, un des miens dans une pareille occasion, je le fis foüetter, il se desespera, & s'alla pendre. Enfin il n'est propre qu'à commettre de nouveau deux personnes qui veulent s'accommoder, s'ils l'ont fait arbitre de leur different. C'est encore une action qui luy convient fort, que d'aller prendre au milieu du repas pour danser * un homme qui est de sang froid, & qui n'a bû que moderément.

* Cela ne se faisoit chez les Grecs qu'aprés le repas, & lorsque les tables estoient enlevées.

De l'Air empressé.

IL semble que le trop grand empressement est une recherche importune, ou une vaine affectation de marquer aux autres de la bien-veillance par ses paroles & par toute sa conduite. Les manieres d'un homme empressé sont de prendre sur soy l'évenement d'une affaire qui est au dessus de ses forces, & dont il ne sçauroit sortir avec honneur; & dans une chose que toute une assemblée juge raisonnable, & où il ne se trouve pas la moindre difficulté, d'insister long-temps sur une legere circonstance pour estre ensuite de l'avis des autres; de faire beaucoup plus apporter de vin dans un repas qu'on n'en peut boire; d'entrer dans une querelle où il se trouve present, d'une maniere à l'échaufer davantage. Rien n'est aussi plus ordinaire que de le voir s'offrir à servir de guide dans un chemin détourné qu'il ne connoît pas, & dont il ne peut ensuite trouver l'issuë; venir vers son General, & luy demander quand il doit ranger son armée en bataille, quel jour il faudra combattre, & s'il n'a point d'ordres à luy donner pour le lendemain; une autre fois s'approcher de son pere, ma mere, luy dit-il mysterieusement, vient de se coucher, & ne commence qu'à s'endormir; s'il entre enfin dans la chambre d'un malade à qui son medecin a défendu le vin, dire qu'on peut essayer s'il ne luy fera point de mal, & le soûtenir doucement pour luy en faire prendre. S'il apprend qu'une femme soit morte dans la ville, il s'ingere de faire son épitaphe, il y fait graver son nom, celuy de son mari, de son pere, de sa mere, son pays, son origine avec cet éloge, *ils avoient*

formule * *tous de la vertu.* S'il est quel-
d'épitaphe, quefois obligé de jurer devant des Juges qui exigent son serment, ce n'est pas, dit-il en perçant la foule pour paroistre à l'audience, la premiere fois que cela m'est arrivé.

DE LA STUPIDITÉ.

LA stupidité est en nous une pesanteur d'esprit qui accompagne nos actions & nos discours. Un homme stupide ayant luy-mesme calculé avec des jettons une certaine somme, demande à ceux qui le regardent faire à quoy elle se monte; s'il est obligé de paroiſtre dans un jour preſcrit devant ſes Juges pour ſe défendre dans un procez que l'on luy fait, il l'oublie entierement, & part pour la campagne; il s'endort à un ſpectacle, & ne ſe réveille que long-temps aprés qu'il eſt fini, & que le peuple s'eſt retiré; aprés s'eſtre rempli de viandes le ſoir, il ſe leve la nuit pour une indigeſtion, va dans la ruë ſe ſoulager, où il eſt mordu d'un chien du voiſinage; il cherche ce qu'on vient de luy donner, & qu'il a mis luy-même dans quelque endroit, où ſouvent il ne peut le retrouver. Lors qu'on l'avertit de la mort de l'un de ſes amis afin qu'il aſſiſte à ſes funerailles, il s'attriſte, il pleure, il ſe deſeſpere, & prenant une façon de parler pour une autre, à la bonne heure, ajoûte-t'il, ou une pareille ſottiſe. Cette précaution qu'ont les perſonnes ſages de ne pas donner sans témoins* de l'argent à leurs créanciers, il l'a pour en recevoir de ses debiteurs. On le voit quereller son valet dans le plus grand froid de l'hyver pour ne luy avoir pas acheté des concombres. S'il s'avise un jour de faire exercer ses enfans à la lutte ou à la course, il ne leur permet pas de se retirer qu'ils ne soient tout en sueur & hors d'haleine. Il va cüeillir luy-mesme des lentilles, les fait cuire, & oubliant qu'il y a mis du sel, il les sale une seconde fois, de sorte que personne n'en peut goûter. Dans le temps d'une pluye incommode, & dont tout le monde se plaint, il luy échapera de dire que l'eau du Ciel est une chose délicieuse : & si on luy demande par hazard combien il a vû emporter de morts †

* Les témoins étoient fort en usage chez les Grecs dans les payemens & dans tous les actes.

† Pour estre enterrez hors de la ville suivant la Loy de Solon.

de Theophraste. 109

par la porte sacrée ? autant, répond-il, pensant peut-estre à de l'argent ou à des grains, que je voudrois que vous & moy en pussions avoir.

DE LA BRUTALITÉ.

LA brutalité est une certaine dureté, & j'ose dire une ferocité qui se rencontre dans nos manieres d'agir, & qui passe mesme jusqu'à nos paroles. Si vous demandez à un homme brutal, qu'est devenu un tel ? il vous répond durement, ne me rompez point la teste ; si vous le saluëz, il ne vous fait pas l'honneur de vous rendre le salut : si quelquefois il met en vente une chose qui luy appartient, il est inutile de luy en demander le prix, il ne vous écoute pas ; mais il dit fierement à celuy qui la marchande, qu'y trouvez-vous à dire? Il se mocque de la pieté de ceux qui envoyent leurs offrandes dans les Temples aux jours d'une grande celebrité ; si leurs prieres, dit-il, vont jusques aux Dieux, & s'ils en obtiennent les biens qu'ils souhaitent, l'on peut dire qu'ils les ont bien payez, & qu'ils ne leur sont pas donnez pour rien. Il est inexorable à celuy qui sans dessein l'aura poussé legerement, ou luy aura marché sur le pied, c'est une faute qu'il ne pardonne pas. La premiere chose qu'il dit à un ami qui luy emprunte quelque argent, c'est qu'il ne luy en prestera point ; il va le trouver ensuite, & le luy donne de mauvaise grace, ajoûtant qu'il le compte perdu. Il ne luy arrive jamais de se heurter à une pierre qu'il rencontre en son chemin sans luy donner de grandes maledictions. Il ne daigne pas attendre personne, & si l'on differe un moment à se rendre au lieu dont l'on est convenu avec luy il se retire. Il se distingue toûjours par une grande singularité; ne veut ny chanter à son tour, ny reciter* dans un repas, ni même danser avec les autres. En un mot on ne le voit gueres dans les Temples importuner les Dieux, & leur faire des vœux ou des sacrifices.

*Les Grecs recitoient à table quelques beaux endroits de leurs Poëtes, & dansoient ensemble aprés le repas.
V. le chap. du contretemps.

DE LA SUPERSTITION.

LA superstition semble n'estre autre chose qu'une crainte mal reglée de la Divinité. Un homme superstitieux aprés avoir lavé ses mains, & s'estre purifié avec de l'eau *lustrale, sort du Temple, & se promene une grande partie du jour

* Une eau où l'on avoit éteint un tison ar-

dent pris sur l'Autel où l'on brûloit la victime: Elle estoit dans une chaudiere à la porte du temple; l'on s'en lavoit soy-mesme, ou l'on s'en faisoit laver par les Prestres.

avec une feüille de laurier dans sa bouche : s'il voit une belette, il s'arreste tout court, & il ne continuë pas de marcher, que quelqu'un n'ait passé avant luy par le mesme endroit que cet animal a traversé, ou qu'il n'ait jetté luy-mesme trois petites pierres dans le chemin, comme pour éloigner de luy ce mauvais présage : en quelque endroit de sa maison qu'il ait apperçû un Serpent, il ne differe pas d'y élever un Autel : & dés qu'il remarque dans les carrefours de ces pierres que la devotion du peuple y a consacrées, il s'en approche, verse dessus toute l'huile de sa phiole, plie les genoux devant elles & les adore. Si un rat luy a rongé un sac de farine, il court au Devin, qui ne manque pas de luy enjoindre d'y faire mettre une piece ; mais bien loin d'estre

de Theophraste. 113

satisfait de sa réponse, effrayé d'une avanture si extraordinaire, il n'ose plus se servir de son sac & s'en défait : son foible encore est de purifier sans fin la maison qu'il habite ; d'éviter de s'asseoir sur un tombeau, comme d'assister à des funerailles, ou d'entrer dans la chambre d'une femme qui est en couche : & lors qu'il luy arrive d'avoir pendant son sommeil quelque vision, il va trouver les Interpretes des songes, les Devins & les Augures pour sçavoir d'eux à quel Dieu ou à quelle Deesse il doit sacrifier : il est fort exact à visiter sur la fin de chaque mois les Prestres d'Orphée pour se faire initier † dans ses mysteres ; il y mene sa femme, ou si elle s'en excuse par d'autres soins, il y fait conduire ses enfans par une nourrice : lors qu'il marche par la ville, il ne manque gueres de

† instruire de ses mysteres.

se laver toute la teste avec de l'eau des fontaines qui sont dans les places : quelquefois il a recours à des Prestresses qui le purifient d'une autre maniere, en liant & étendant autour de son corps un petit chien, ou de la * squille. Enfin s'il voit un homme frappé d'épilepsie, saisi d'horreur il crache dans son propre sein comme pour rejetter le malheur de cette rencontre.

* Espece d'oignon marin.

DE L'ESPRIT CHAGRIN.

L'ESPRIT chagrin fait que l'on n'est jamais content de personne, & que l'on fait aux autres mille plaintes sans fondement. Si quelqu'un fait un festin, & qu'il se souvienne d'envoyer * un plat à un homme de cette

* C'a esté la coûtume des Juifs & d'autres peuples Orientaux, des Grecs & des Romains.

humeur, il ne reçoit de luy pour tout remerciement que le reproche d'avoir esté oublié; je n'étois pas digne, dit cet esprit querelleux, de boire de son vin, ny de manger à sa table : tout luy est suspect, jusques aux caresses que luy fait sa maîtresse; je doute fort, luy dit-il, que vous soyez sincere, & que toutes ces demonstrations d'amitié partent du cœur. Aprés une grande secheresse venant enfin à pleuvoir, comme il ne peut se plaindre de la pluye, il s'en prend au Ciel de ce qu'elle n'a pas commencé plûtost : si le hazard luy fait voir une bourse dans son chemin, il s'incline; il y a des gens, ajoûte-t'il, qui ont du bonheur, pour moy je n'ay jamais eu celuy de trouver un tresor : une autre fois ayant envie d'un esclave, il prie instamment celuy à qui il appartient d'y mettre le prix ; & dés que celuy-cy vaincu par ses importunitez le luy a vendu, il se repent de l'auoir acheté ; ne suis-je pas trompé, demande-t'il, & exigeroit-on si peu d'une chose qui seroit sans defauts ? à ceux qui luy font les complimens ordinaires sur la naissance d'un fils & sur l'augmentation de sa famille, ajoûtez, leur dit-il, pour ne rien oublier, sur ce que mon bien est diminué de la moitié. Un homme chagrin aprés avoir eu de ses Juges ce qu'il demandoit, & l'avoir emporté tout d'une voix sur son adversaire, se plaint encore de celuy qui a écrit ou parlé pour luy de ce qu'il n'a pas touché les meilleurs moyens de sa cause : ou lorsque ses amis ont fait ensemble une certaine somme pour le secourir dans un besoin pressant, si quelqu'un l'en féli-

cité, & le convie à mieux esperer de la fortune ; comment,
luy répond-il, puis-je estre sensible à la moindre joye, quand
je pense que je dois rendre cet
argent à chacun de ceux qui me
l'ont prêté, & n'estre pas encore quitte envers eux de la reconnoissance de leur bienfait ?

DE LA DEFIANCE.

L'ESPRIT de défiance nous
fait croire que tout le monde est capable de nous tromper.
Un homme défiant, par exemple, s'il envoye au marché l'un
de ses domestiques pour y acheter des provisions, il le fait suivre par un autre qui doit luy
rapporter fidellement combien
elles ont coûté ; si quelquefois
il porte de l'argent sur soy dans
un voyage, il le calcule à cha-

* Six cens pas.

que stade* qu'il fait pour voir s'il a son compte: une autrefois étant couché avec sa femme il luy demande si elle a remarqué que son coffre fort fût bien fermé, si sa cassette est toûjours scellée, & si l'on a eu soin de bien fermer la porte du vestibule; & bien qu'elle l'asseure que tout est en bon état, l'inquietude le prend, il se leve du lit, va en chemise & les pieds nuds avec la lampe qui brûle dans sa chambre, visiter lui-même tous les endroits de sa maisõ, &ce n'est qu'avec beaucoup de peine qu'il s'endort aprés cette recherche. Il mene avec lui des témoins quand il va demander ses arrerages, afin qu'il ne prenne pas un jour envie à ses debiteurs de luy denier sa dette : ce n'est point chez le foulon qui passe pour le meilleur ouvrier, qu'il envoye teindre sa robe, mais chez celuy qui confent de ne point la recevoir fans donner caution. Si quelqu'un fe hafarde de luy emprunter quelques vafes, * il les luy refufe fouvent, ou s'il les accorde, * il ne les laiffe pas enlever qu'ils ne foient pefez, il fait fuivre celuy qui les emporte, & envoye dés le lendemain prier qu'on les luy * renvoye. A-t'il un efclave qu'il affectionne & qui l'accompagne dans la ville, il le fait marcher devant luy, de peur que s'il le perdoit de veuë il ne luy échapât & ne prît la fuite : à un homme qui emportant de chez luy quelque chofe que ce foit, luy diroit, eftimez cela, & mettez-le fur mon compte, il répondroit qu'il faut le laiffer où on l'a pris, & qu'il a d'autres affaires que celle de courir aprés fon argent.

* D'or ou d'argent.

Ce qui fe lit entre les deux étoiles, n'eft pas dans le Grec, où le fens eft interrompu, mais il eft suppleé par quelques interpretes

D'un Vilain homme.

CE caractere suppose toûjours dans un homme une extrême malpropreté & une negligence pour sa personne, qui passe dans l'excez, & qui blesse ceux qui s'en apperçoivent. Vous le verrez quelquefois tout couvert de lepre, avec des ongles longs & mal propres ne pas laisser de se mêler parmy le monde, & croire en estre quitte pour dire que c'est une maladie de famille, & que son pere & son ayeul y estoient sujets: il a aux jambes des ulceres ; on luy voit aux mains des porreaux & d'autres saletez qu'il neglige de faire guerir, ou s'il pense à y remedier, c'est lorsque le mal aigri par le temps est devenu incurable : il est herissé

rissé de poil sous les aisselles &
par tout le corps comme une
beste fauve ; il a les dents noires, rongées, & telles que son
abord ne se peut souffrir. Ce n'est
pas tout, il crache ou il se mouche en mangeant, il parle la
bouche pleine, fait en buvant
des choses contre la bienseance,
ne se sert jamais au bain que
d'une huile qui sent mauvais,
& ne paroist gueres dans une
assemblée publique qu'avec une
vieille robbe & toute tachée.
S'il est obligé d'accompagner
sa mere chez les Devins, il
n'ouvre la bouche que pour dire des choses de mauvaise augure † : Une autre fois dans le
Temple & en faisant des liba-

† Les Anciens avoient un grand égard pour les paroles qui estoient proferées, mesme par hazard par ceux qui venoient consulter les Devins & les Augures, prier ou sacrifier dans les Temples.

F

tions *, il luy échapera des mains une coupe ou quelque autre vase, & il rira ensuite de cette avanture, comme s'il avoit fait quelque chose de merveilleux. Un homme si extraordinaire ne sçait point écouter un concert ou d'excellens joüeurs de flûtes, il bat des mains avec violence comme pour leur applaudir, ou bien il suit d'une voix desagreable le mesme air qu'ils joüent ; il s'ennuye de la symphonie, & demande si elle ne doit pas bien-tost finir. Enfin si estant assis à table il veut cracher, c'est justement sur celuy qui est derriere luy pour donner à boire,

* Ceremonies où l'on s'épandoit du vin ou du lait dans les sacrifices.

D'un homme Incommode.

CE qu'on appelle un fâcheux est celuy qui sans faire à quelqu'un un fort grand tort, ne laisse pas de l'embarasser beaucoup ; qui entrant dans la chambre de son ami qui commence à s'endormir, le réveille pour l'entretenir de vains discours ; qui se trouvant sur le bord de la mer, sur le point qu'un homme est prest de partir & de monter dans son vaisseau, l'arreste sans nul besoin, & l'engage insensiblement à se promener avec luy sur le rivage ; qui arrachant un petit enfant du sein de sa nourice pendant qu'il tette, luy fait avaler quelque chose qu'il a mâché, bat des mains devant luy, le caresse, & luy parle d'une voix contrefaite ; qui choisit le temps du repas, & que le potage est sur la table, pour dire qu'ayant pris medecine depuis deux jours, il est allé par haut & par bas, & qu'une bile noire & recuite estoit mêlée dans ses dejections ; qui devant toute une assemblée s'avise de demander à sa mere quel jour elle a accouché de luy ; qui ne sçachant que dire, apprend que l'eau de sa cisterne est fraîche, qu'il croist dans son jardin de bonnes legumes, ou que sa maison est ouverte à tout le monde comme une hôtellerie ; qui s'empresse de faire connoistre à ses hôtes un parasite * qu'il a chez luy, qui l'invite à table à se mettre en bonne humeur & à réjoüir la compagnie.

*Mot Grec qui signifie celui qui ne mange que chez autrui.

DE LA SOTTE VANITÉ.

LA sotte vanité semble estre une passion inquiete de se faire valoir par les plus petites choses, où de chercher dans les sujets les plus frivoles du nom & de la distinction. Ainsi un homme vain, s'il se trouve à un repas, affecte toûjours de s'asseoir proche de celuy qui l'a convié : il consacre à Apollon la chevelure d'un fils qui luy vient de naistre ; & dés qu'il est parvenu à l'âge de puberté, il le conduit † luy-mesme à Delphes, luy coupe les che-

---

† Le peuple d'Athenes ou les personnes plus modestes se contentoient d'assembler leurs parens, de couper en leur presence les cheveux de leur fils parvenu à l'âge de puberté, & de les consacrer ensuite à Hercule, ou à quelque autre Divinité qui avoit un Temple dans la ville.

veux, & les dépose dans le temple comme un monument d'un vœu solemnel qu'il a accompli : il aime à se faire suivre par un Maure : s'il fait un payement, il affecte que ce soit dans une monnoye toute neuve, & qui ne vienne que d'estre frapée. Aprés qu'il a immolé un bœuf devant quelque Autel, il se fait reserver la peau du front de cet animal, il l'orne de rubans & de fleurs, & l'attache à l'endroit de sa maison le plus exposé à la veuë de ceux qui passent, afin que personne du peuple n'ignore qu'il a sacrifié un bœuf. Une autre fois au retour d'une cavalcade qu'il aura faite avec d'autres citoyens, il renvoye chez soy par un valet tout son équipage, & ne garde qu'une riche robe dont il est habillé, & qu'il traîne le reste du jour dans la place publique : s'il luy meurt le moindre petit chien, il l'enterre, luy dresse un épitaphe avec ces mots, *Il estoit de race de Malte* *. Il consacre un anneau à Esculape, qu'il use à force d'y pendre des couronnes de fleurs : Il se parfume tous les jours. Il remplit avec un grand faste tout le temps de sa Magistrature, & sortant de charge, il rend compte au peuple avec ostentation des sacrifices qu'il a faits, comme du nombre & de la qualité des victimes qu'il a immolées ; Alors revêtu d'une robe blanche & couronné de fleurs, il paroist dans l'assemblée du peuple : Nous pouvons, dit-il, vous asseurer, ô Atheniens, que pendant le temps de nostre gouvernement nous avons sacrifié à Cybele, & que nous luy avons rendu des honneurs tels que les merite de nous la mere des

* Cette Isle portoit de petits chiẽs fort estimez.

F iiij

Dieux; esperez donc toutes choses heureuses de cette Deesse: Aprés avoir parlé ainsi, il se retire dans sa maison où il fait un long recit à sa femme de la maniere dont toutes choses se sont passées, & comme elles luy ont réüssi au delà de ses souhaits.

DE L'AVARICE.

CE vice est dans l'homme un oubli de l'honneur & de la gloire, quand il s'agit d'éviter la moindre dépense. Si un homme a remporté le prix de la * tragedie, il consacre à Bacchus des guirlandes ou des bandelettes faites avec de l'écorce de bois, & il fait graver son nom sur un present si magnifique. Quelquefois dans les temps difficiles le peuple est obligé

* qu'il a faite ou recitée.

de s'assembler pour regler une contribution capable de subvenir aux besoins de la Republique; alors il se leve & garde le silence †, ou le plus souvent il fend la presse & se retire. Lors qu'il marie sa fille, & qu'il sacrifie selon la coûtume, il n'abandonne de la victime que les parties * seules qui doivent être brûlées sur l'Autel ; il reserve les autres pour les vendre ; & comme il manque de domestiques pour servir à table & estre chargé du soin des nôces, il loüe des gens pour tout le temps de la feste qui se nourrissent à leurs dépens, & à qui il donne une certaine somme. S'il est Capitaine de Galere, voulant ménager son lit, il se

* C'estoit les cuisses & les intestins

---

† Ceux qui vouloient donner, se levoient & offroient une somme; ceux qui ne vouloient rien donner, se levoient & se taisoient.

contente de coucher indifferemment avec les autres sur de la natte qu'il emprunte de son Pilote. Vous verrez une autre fois cet homme sordide acheter en plein marché des viandes cuites, toute sorte d'herbes, & les porter hardiment dans son sein & sous sa robe : s'il l'a un jour envoyée chez le Teinturier pour la détacher, comme il n'en a pas une seconde pour sortir, il est obligé de garder la chambre. Il sçait éviter dans la place la rencontre d'un ami pauvre qui pourroit luy demander * comme aux autres quelque secours ; Il se détourne de luy, & reprend le chemin de sa maison. il ne donne point de servantes à sa femme, content de luy en loüer quelques-unes pour l'accompagner à la ville toutes les fois qu'elle sort. Enfin ne pensez pas que ce soit un autre que luy

* Par forme de contribution. V. les chap. de la dissimulation & de l'esprit chagrin.

qui ballie le matin sa chambre, qui fasse son lit & le nettoye. Il faut ajoûter qu'il porte un manteau usé, sale & tout couvert de taches ; qu'en ayant honte luy-mesme, il le retourne quand il est obligé d'aller tenir sa place dans quelque assemblée.

De l'Ostentation.

JE n'estime pas que l'on puisse donner une idée plus juste de l'ostentation, qu'en disant que c'est dans l'homme une passion de faire montre d'un bien ou des avantages qu'il n'a pas. Celuy en qui elle domine s'arreste dans l'endroit du Pyrée* où les Marchands étalent, & où se trouve un plus grand nombre d'étrangers ; il entre en matiere avec eux, il leur dit, qu'il a beaucoup d'argent sur la

* Port à Athenes fort celebre.

mer, il discourt avec eux des avantages de ce commerce, des gains immenses qu'il y a à esperer pour ceux qui y entrent, & de ceux sur tout que luy qui parle y a faits. Il aborde dans un voyage le premier qu'il trouve sur son chemin, luy fait compagnie, & luy dit bien-tôt qu'il a servi sous Alexandre, quels beaux vases & tout enrichis de pierreries il a rapporté de l'Asie, quels excellens ouvriers s'y rencontrent, & combien ceux de l'Europe leur sont inferieurs *. Il se vante dans une autre occasion d'une lettre qu'il a receuë d'Antipater†, qui apprend que luy troisiéme est entré dans la Macedoine. Il dit une autre fois que bien que les Magistrats luy ayent per-

* C'estoit contre l'opinion cōmune de toute la Grece.

† L'un des Capitaines d'Alexandre le Grand, & dont la famille regna quelque temps dans la Macedoine.

mis tels transports * de bois qu'il luy plairoit sans payer de tribut, pour éviter neanmoins l'envie du peuple, il n'a point voulu user de ce privilege. Il ajoûte que pendant une grande cherté de vivres il a distribué aux pauvres citoyens d'Athenes jusques à la somme de cinq talens †; & s'il parle à des gens qu'il ne connoist point, & dont il n'est pas mieux connu, il leur fait prendre des jettons, compter le nombre de ceux à qui il a fait ces largesses; & quoy qu'il monte à plus de six cens personnes, il leur donne à tous des noms convenables; & aprés avoir supputé les sommes particulieres qu'il a données à chacun d'eux,

*Parce que les Pins, les Sapins, les Cyprés, & tout autre bois propre à construire des vaisseaux estoient rares dans le pays Attique, l'on n'en permettoit le transport en d'autres pays, qu'en payant un fort gros tribut.

† Un talent Attique dont il s'agit, valoit soixante mines Attiques; une mine cent dragmes; une dragme six oboles.
Le talent Attique valoit quelques six cens écus de nostre monnoye.

il se trouve qu'il en resulte le double de ce qu'il pensoit, & que dix talens y sont employez, sans compter, poursuit-il, les Galeres que j'ay armées à mes dépens, & les charges publiques que j'ay exercées à mes frais & sans recompense. Cet homme fastueux va chez un fameux Marchand de chevaux, fait sortir de l'écurie les plus beaux & les meilleurs, fait ses offres, comme s'il vouloit les acheter : De mesme il visite les foires les plus celebres, entre sous les tentes des Marchands, se fait déployer une riche robe, & qui vaut jusqu'à deux talens, & il sort en querellant son valet de ce qu'il ose le suivre sans porter * de l'or sur luy pour les besoins où l'on se trouve. Enfin s'il habite une maison dont il paye le loyer, il dit hardiment à quelqu'un

* Coûtume des Anciés.

qui l'ignore que c'est une maison de famille, & qu'il a heritée de son pere; mais qu'il veut s'en défaire, seulement parce qu'elle est trop petite pour le grand nombre d'étrangers qu'il retire * chez luy.

* Par droit d'hospitalité.

DE L'ORGÜEIL.

IL faut définir l'orgüeil, une passion qui fait que de tout ce qui est au monde l'on n'estime que soy. Un homme fier & superbe n'écoute pas celuy qui l'aborde dans la place pour luy parler de quelque affaire; mais sans s'arrester, & se faisant suivre quelque temps, il luy dit enfin qu'on peut le voir aprés son souper: si l'on a receu de luy le moindre bien-fait, il ne veut pas qu'on en perde jamais le souvenir, il le reprochera en pleine ruë à la vûë de tout le monde : N'attendez pas de luy qu'en quelque endroit qu'il vous rencontre il s'approche de vous, & qu'il vous parle le premier : de mesme au lieu d'expedier sur le champ des Marchands ou des ouvriers, il ne feint point de les renvoyer au lendemain matin, & à l'heure de son lever. Vous le voyez marcher dans les ruës de la Ville la teste baissée sans daigner parler à personne de ceux qui vont & viennent. S'il se familiarise quelquefois jusques à inviter ses amis à un repas, il pretexte des raisons pour ne pas se mettre à table & manger avec eux, & il charge ses principaux domestiques du soin de les regaler : il ne luy arrive point de rendre visite à personne sans prendre la précaution d'envoyer quelqu'un des siens pour avertir qu'il va venir :

V. le ch. de la Flaterie.

on ne le voit point chez luy lorsqu'il mange ou qu'il se * parfume : il ne se donne pas la peine de regler luy-mesme des parties ; mais il dit negligemment à un valet de les calculer, de les arrester, & les passer à compte. Il ne sçait point écrire dans une lettre, je vous prie de me faire ce plaisir, ou de me rendre ce service; mais j'entens que cela soit ainsi, j'envoye un homme vers vous pour recevoir une telle chose, je ne veux pas que l'affaire se passe autrement, Faites ce que je vous dis promptement, & sans differer ; voilà son stile.

* Avec des huiles de senteur.

De la Peur,

Ou du défaut de courage.

CETTE crainte est un mouvement de l'ame qui s'ébranle, & qui cede en veuë d'un peril vray ou imaginaire ; & l'homme timide est celuy dont je vais faire la peinture. S'il luy arrive d'estre sur la mer, & s'il apperçoit de loin des dunes ou des promontoires, la peur luy fait croire que c'est le debris de quelques vaisseaux qui ont fait naufrage sur cette coste; Aussi tremble-t'il au moindre flot qui s'éleve, & il s'informe avec soin si tous ceux qui navigent avec luy sont * initiez : s'il vient à remarquer que le Pilote fait une nouvelle manœuvre, ou semble se détourner comme

* Les anciens navigeoient rarement avec ceux

pour éviter un écüeil, il l'interroge, il luy demande avec inquietude s'il ne croit pas s'estre écarté de sa route, s'il tient toûjours la haute mer, & si les † Dieux sont propices ; aprés cela il se met à raconter une vision qu'il a euë pendant la nuit dont il est encore tout épouvanté, & qu'il prend pour un mauvais presage; Ensuite ses frayeurs venant à croistre, il se deshabile & oste jusques à sa chemise pour pouvoir mieux se sauver à la nage, & aprés cette precaution, il ne laisse pas de prier les Nautoniers de le mettre à terre. Que si cet homme foible dans une expedition militaire où il s'est engagé entend dire que les ennemis sont proches, il appelle ses compa-

qui passoient pour impies, & ils se faisoient initier avant de partir, c'est-à-dire instruire des mysteres de quelque divinité, pour se la rendre propice dans leurs voyages. V. le chap. de la Superstition.

† Ils consultoient les Dieux par les sacrifices, ou par les augures, c'est-à-dire, par le vol, le chant, & le manger des oiseaux, & encore par les entrailles des bestes.

gnons de guerre, observe leur contenance sur ce bruit qui court, leur dit qu'il est sans fondement, & que les coureurs n'ont pû discerner, si ce qu'ils ont découvert à la campagne sont amis ou ennemis : Mais si l'on n'en peut plus douter par les clameurs que l'on entend, & s'il a veu luy-mesme de loin le commencement du combat, & que quelques hommes ayent parû tomber à ses yeux ; alors feignant que la précipitation & le tumulte luy ont fait oublier ses armes, il court les querir dans sa tente, où il cache son épée sous le chevet de son lit, & employe beaucoup de temps à la chercher ; pendant que d'un autre côté son valet va par ses ordres sçavoir des nouvelles des ennemis, observer quelle route ils ont prise, & où en sont les affaires : & dés qu'il voit apporter au camp quelqu'un tout sanglant d'une blessure qu'il a receuë, il accourt vers luy, le console & l'encourage, étanche le sang qui coule de sa playe, chasse les mouches qui l'importunent, ne luy refuse aucun secours, & se mêle de tout, excepté de combattre : Si pendant le temps qu'il est dans la chambre du malade, qu'il ne perd pas de veuë, il entend la trompette qui sonne la charge ; ah, dit-il avec imprecation, puisse-tu estre pendu, maudit sonneur qui cornes incessamment, & fais un bruit enragé qui empesche ce pauvre homme de dormir ! Il arrive mesme que tout plein d'un sang qui n'est pas le sien, mais qui a rejailli sur luy de la playe du blessé, il fait acroire à ceux qui reviennent du combat, qu'il a couru un grand risque de sa vie pour sauver celle de son ami ; il conduit vers luy ceux qui y prennent interest, ou comme ses parents, ou parce qu'ils sont d'un mesme pays ; & là il ne rougit pas de leur raconter quand & de quelle maniere il a tiré cet homme des mains des ennemis, & l'a apporté dans sa tente.

Des Grands d'une Republique.

LA plus grande passion de ceux qui ont les premieres places dans un Etat populaire, n'est pas le desir du gain ou de l'accroissement de leurs revenus, mais une impatience de s'agrandir, & de se fonder s'il se pouvoit une souveraine puissance sur la ruine de celle du peuple. S'il s'est assemblé pour déliberer à qui des citoyens il donnera la commission d'aider de ses soins le premier Magistrat dans la conduite d'une feste ou d'un spectacle, cet homme ambitieux & tel que je viens de le définir, se leve, demande cet employ, & proteste que nul autre ne peut si bien s'en acquiter : il n'approuve point la domination de plusieurs, & de tous les vers d'Homere il n'a retenu que celui cy :

Les peuples sont heureux quand un seul les gouverne.

Son langage le plus ordinaire est tel ; retirons-nous de cette multitude qui nous environne; tenons ensemble un conseil particulier où le peuple ne soit point admis ; essayons mesme de luy fermer le chemin à la Magistrature ; & s'il se laisse prévenir contre une personne d'une condition privée de qui il croye avoir receu quelque injure ; cela, dit-il, ne se peut souffrir, & il faut que luy ou moy abandonnions la Ville. Vous le voyez se promener dans la place sur le milieu du jour avec les ongles propres, la barbe & les cheveux en bon ordre ; repousser fierement ceux qui se trouvent sur ses pas ; dire avec chagrin aux premiers qu'il rencontre, que la Ville est un lieu où il n'y a plus moyen de vivre, qu'il ne peut plus tenir contre l'horrible foule des plaideurs, ny supporter plus long-temps les longueurs, les crieries & les mensonges des Avocats, qu'il commence à avoir honte de se trouver assis dans une assemblée publique ou sur les tribunaux auprés d'un homme mal habillé, sale & qui dégoûte,

de Theophraste. 145

te, & qu'il n'y a pas un seul de ces Orateurs dévoüez au peuple, qui ne luy soit insupportable. Il ajoûte que c'est *Thesée qu'on peut appeller le premier auteur de tous ces maux, & il fait de pareils discours aux étrangers qui arrivent dans la ville comme à ceux avec qui il sympatise de mœurs & de sentimens.

* Thesée avoit jetté les fondemens de la Republique d'Athenes en établissant l'égalité entre les citoyens.

D'UNE TARDIVE INSTRUCTION.

IL s'agit de décrire quelques inconveniens où tombent ceux qui ayant méprisé dans leur jeunesse les sciences & les exercices, veulent reparer cette negligence dans un âge avancé par un travail souvent inutile. Ainsi un vieillard de soixante ans s'avise d'apprendre des vers par cœur, & de les † re-

† V. le chap. de la Brutalité.

G

citer à table dans un festin, où la memoire venant à luy manquer, il a la confusion de demeurer court. Une autre fois il apprend de son propre fils les évolutions qu'il faut faire dans les rangs à droit ou à gauche, le maniement des armes, & quel est l'usage à la guerre de la lance & du bouclier. S'il monte un cheval que l'on luy a presté, il le presse de l'éperon, veut le manier, & luy faisant faire des voltes ou des caracolles, il tombe lourdement, & se casse la tête. On le voit tantost pour s'exercer au javelot le lancer tout un jour contre l'homme * de bois, tantost tirer de l'arc & disputer avec son valet lequel des deux donnera mieux dans un blanc avec des fleches, vouloir d'abord apprendre de luy, se mettre ensuite à l'instruire & à le corriger, comme s'il estoit le plus

* Une grande statuë de bois qui estoit dans le lieu des exercices pour apprendre à darder.

habile. Enfin se voyant tout nud au sortir du bain, il imite les postures d'un luiteur, & par le defaut d'habitude il les fait de mauvaise grace, & s'exerce d'une maniere ridicule.

DE LA MEDISANCE.

JE définis ainsi la médisance, une pente secrete de l'ame à penser mal de tous les hommes, laquelle se manifeste par les paroles ; & pour ce qui concerne le médisant, voicy ses mœurs : si on l'interroge sur quelque autre, & que l'on luy demande quel est cet homme, il fait d'abord sa genealogie ; son pere, dit-il, s'appelloit Sosie *, que l'on a connu dans le service & parmy les troupes sous le nom de Sosistrate ; il a esté affranchi depuis ce temps & reçû dans l'u-

* C'estoit chez les Grecs un nom de valet ou d'esclave.

ne des *tribus de la ville ; Pour sa mere, c'étoit une noble †Thracienne ; car les femmes de Thrace, ajoûte-t'il, se piquent la plûpart d'une ancienne noblesse ; celuy-cy né de si honnestes gens est un scelerat, & qui ne merite que le gibet ; & retournant à la mere de cet homme qu'il peint avec de si belles couleurs, elle est, poursuit-il, de ces femmes qui épient sur les grands chemins* les jeunes gens au passage, & qui, pour ainsi dire, les enlevent & les ravissent. Dans une compagnie où il se trouve quelqu'un qui parle mal d'une personne absente, il releve la conversation ; je suis, luy dit-il, de vostre sentiment, cet homme m'est odieux, & je ne le puis souffrir ; qu'il est insuporta-

* Le peuple d'Athenes estoit partagé en diverses tribus.

* Elles tenoient hotellerie sur les chemins publics où elles se mêloient d'infames commerces.

† Cela est dit par dérision des Thraciennes qui venoient dans la Grece pour estre servantes, & quelque chose de pis.

ble par sa phisionomie ? y a-t'il un plus grand fripon & des manieres plus extravagantes? sçavez-vous combien il donne à sa femme pour la dépense de chaque repas? trois oboles *, & rien davantage; & croiriez-vous que dans les rigueurs de l'hyver & au mois de Decembre il l'oblige de se laver avec de l'eau froide? Si alors quelqu'un de ceux qui l'écoutent se leve, & se retire, il parle de luy presque dans les mesmes termes, nul de ses plus familiers amis n'est épargné; les morts * mesme dans le tombeau ne trouvent pas un asyle contre sa mauvaise langue.

* Il y avoit au dessous de cette monnoye d'autres encore de moindre prix.

* Il estoit deffendu chez les Atheniens de mal parler des morts par une loy de Solon leur Legislateur.

LES
CARACTERES
OU
LES MOEURS
DE CE SIECLE.

LES CARACTERES
OU
LES MOEURS
DE CE SIECLE.

E rends au Public ce qu'il m'a presté ; j'ay emprunté de luy la matiere de cet ouvrage, il est juste que l'ayant achevé avec toute l'attention pour la verité dont je suis capable, & qu'il merite de moy, je luy en fasse la restitution : il peut regarder avec loisir ce portrait que j'ay fait de luy d'aprés nature:

& s'il se connoist quelques-uns des defauts que je touche, s'en corriger. Ce ne sont point des maximes que j'aye voulu écrire; elles sont comme des loix dans la morale, & j'avouë que je n'ay ny assez d'autorité, ny assez de genie pour faire le Legislateur ; je sçay mesme que j'aurois peché contre l'usage des maximes, qui veut qu'à la maniere des Oracles elles soient courtes & concises ; quelques-unes de ces remarques le sont, quelques autres sont plus étenduës ; l'on pense les choses d'une maniere differente, & on les exprime par un tour aussi tout different, par une definition, par une senten-ce, par un raisonnement, par une metaphore ou quelque autre figure, par un paralelle, par une simple comparaison, par un trait, par une description, par une peinture ; de là procede la longueur ou la briéveté de mes remarques. Ceux d'ailleurs qui font des maximes veulent estre crûs ; je consens au contraire que l'on dise de moy que je n'ay pas quelquefois bien remarqué, pourvû que l'on remarque mieux.

Des Ouvrages de l'Esprit.

Du Merite Personnel.

Des Femmes.

Du Cœur.

De la Societé & de la Conversation.

Des Biens de fortune.

De la Ville.

De la Cour.

Des Grands.

Du Souverain.

De l'Homme.

Des Jugemens.

ou les Mœurs de ce siecle.

De la Mode.

De quelques Usages.

De la Chaire.

Des Esprits forts.

DES OUVRAGES DE L'ESPRIT.

TOut est dit, & l'on vient trop tard depuis plus de sept mille ans qu'il y a des hommes, & qui pensent. Sur ce qui concerne les mœurs le plus beau & le meilleur est enlevé ; l'on ne fait que glaner aprés les Anciens & les habiles d'entre les Modernes.

¶ Il faut chercher seulement à penser & à parler juste, sans vouloir amener les autres à nostre goût & à nos sentimens ; c'est une trop grande entreprise.

¶ C'est un métier que de faire un livre, comme de faire une pendule ; Il faut plus que de l'esprit pour estre Auteur. Un Magistrat alloit par son merite à la premiere dignité, il estoit homme délié, & pratic dans les affaires, il a fait imprimer un ouvrage moral, qui est rare par le ridicule.

¶ Il n'est pas si aisé de se faire un nom par un ouvrage parfait, que d'en faire valoir un mediocre par le nom qu'on s'est déja acquis.

¶ Un ouvrage satirique ou qui a des faits, qui est donné en feüilles sous le manteau aux conditions d'estre rendu de même, s'il est mediocre, passe pour merveilleux; l'impression est l'écüeil.

¶ Si l'on oste de beaucoup d'ouvrages de morale l'Avertissement au Lecteur, l'Epistre dedicatoire, la Preface, la Table, les Approbations, il reste à peine assez de pages pour meriter le nom de livre.

¶ Quel supplice que celuy d'entendre prononcer de mediocres vers avec toute l'emphase d'un mauvais Poëte?

¶ Il y a de certaines choses dont la mediocrité est insupportable, la Poësie, la Musique, la Peinture, le Discours public.

¶ L'on n'a gueres veu jusques à present un chef d'œuvre d'esprit qui soit l'ouvrage de plusieurs ; Homere a fait l'Iliade, Virgile l Eneide, Tite-Live ses Decades, & l'Orateur Romain ses Oraisons.

¶ Il y a dans l'art un point de perfection, comme de bonté ou de maturité dans la nature ; celuy qui le sent, & qui l'aime a le goust parfait ; celuy qui ne le sent pas, & qui aime en deçà ou au delà, a le goust défectueux. Il y a donc un bon & un mauvais goust, & l'on dispute des goûts avec fondement.

¶ Il y a beaucoup plus de vivacité que de goust parmy les hommes ; ou pour mieux dire, il

ou les Mœurs de ce siecle. 161
y a peu d'hommes dont l'esprit soit accompagné d'un goust seur, & d'une critique judicieuse.

¶ La vie des Heros a enrichi l'histoire, & l'histoire a embelli les actions des Heros : ainsi je ne sçay qui sont plus redevables, ou ceux qui ont écrit l'histoire à ceux qui leur en ont fourni une si noble matiere, ou ces grands Hommes à leurs Historiens.

¶ Amas d'épithetes, mauvaises loüanges ; ce sont les faits qui loüent, & la maniere de les raconter.

¶ Tout l'esprit d'un Auteur consiste à bien définir & à bien peindre. * Moyse, Homere, Platon, Virgile, Horace ne sont au dessus des autres Ecrivains que par leurs expressions & leurs images : Il faut exprimer le vray pour écrire naturellement, fortement, délicatement.

* Quand mesme on ne le consideRe que comme un homme qui a écrit.

¶ Combien de siecles se sont écoulez avant que les hommes dans les sciences & dans les arts ayent pû revenir au goût des Anciens, & reprendre enfin le simple & le naturel.

¶ Entre toutes les differentes expressions qui peuvent rendre une seule de nos pensées, il n'y en a qu'une qui soit la bonne; on ne la rencontre pas toûjours en parlant, ou en écrivant ; il est vray neanmoins qu'elle existe, que tout ce qui ne l'est point est foible, & ne satisfait point un homme d'esprit qui veut se faire entendre.

¶ Un bon Auteur, & qui écrit avec soin, éprouve souvent que l'expression qu'il cherchoit depuis long-temps sans la connoistre, & qu'il a enfin trouvée, est celle qui estoit la plus simple, la plus naturelle, qui sembloit devoir se presenter d'abord & sans effort.

¶ Ceux qui écrivent par humeur, sont sujets à retoucher à leurs ouvrages ; comme elle n'est pas toûjours fixe, & qu'elle varie en eux selon les occasions, ils se refroidissent bientost pour les expressions & les termes qu'ils ont le plus aimez.

¶ L'on devroit aimer à lire ses ouvrages à ceux qui en sçavent assez pour les corriger & les estimer.

¶ La mesme justesse d'esprit qui nous fait écrire de bonnes choses, nous fait apprehender qu'elles ne le soient pas assez pour meriter d'estre leuës.

¶ Un esprit mediocre croit écrire divinement ; un bon esprit croit écrire raisonnablement.

¶ L'on m'a engagé, dit *Ariste*, à lire mes ouvrages à *Zelotes*, je l'ay fait ; ils l'ont saisi d'abord, & avant qu'il ait eu le loisir de les trouver mauvais; il les a loüez modestement en ma presence, & il ne les a pas loüez depuis devant personne, je l'excuse, & n'en demande pas davantage à un Autheur ; je le plains mesme d'avoir écouté de belles choses qu'il n'a point faites.

¶ Ceux qui par leur condition se trouvent exempts de la jalousie d'Auteur, ont ou des passions, ou des besoins qui les distraient, & les rendent froids sur les conceptions d'autruy : personne presque par la disposition de son esprit, de son cœur, & de sa fortune n'est en état de se livrer au plaisir que donne la perfection d'un ouvrage.

¶ Le plaisir de la critique nous ôte celuy d'estre touchez vivement de tres-belles choses.

¶ Bien des gens vont jusques à sentir le merite d'un manuscrit que l'on leur lit, qui ne peuvent se declarer en sa faveur, jusques à ce qu'ils ayent veu le cours qu'il aura dans le monde par l'impression, ou quel sera son sort parmy les habiles : ils ne hazardent point leurs suffrages, & ils veulent estre portez par la foule & entraînez par la multitude ; ils disent alors qu'ils ont les premiers approuvé cet ouvrage, & que le public est de leur avis.

¶ Le E** G** est immediatement au dessous du rien ; il a bien d'autres livres qui luy ressemblent : il y a autant d'esprit à s'enrichir par un mauvais livre, qu'il y a de sotise à l'acheter ; c'est ignorer le goust du peuple, que de ne pas hasarder quelquefois de grandes fadaises.

¶ L'on voit bien que l'*Opera* est l'ébauche d'un grand spectacle ; il en donne l'idée.

Je ne sçay pas comment l'*Opera*

avec une Musique si parfaite & une dépense toute Royale a pû réüssir à m'ennuyer.

Il y a des endroits dans l'*Opera* qui laissent en desirer d'autres, il échape quelquefois de souhaiter la fin de tout le spectacle ; c'est faute d'action, de theatre, & de choses qui interessent.

¶ Il semble que le Roman & la Comedie pourroient estre aussi utiles qu'ils sont nuisibles ; l'on y voit de si grands exemples de constance, de vertu, de tendresse & de désinteressement, de si beaux & de si parfaits caracteres; que quand une jeune personne jette de là sa veuë sur tout ce qui l'entoure, ne trouvant que des sujets indignes & fort au dessous de ce qu'elle vient d'admirer, je m'étonne qu'elle soit capable pour eux de la moindre foiblesse.

¶ CORNEILLE ne peut estre égalé dans les endroits où il excelle, il a pour lors un caractere original & inimitable; mais mais il est inégal, ses premieres Comedies sont seches, languissantes, & ne laissoient pas esperer qu'il dût jamais ensuite aller si loin : dans quelques-unes de ses meilleures pieces il y a des fautes inexcusables contre les mœurs ; un style de declamateur qui arreste l'action, & la fait languir; des negligences dans les vers & dans l'expression qu'on ne peut comprendre en un si grand homme. Ce qu'il y a eu en luy de plus éminent c'est l'esprit, qu'il avoit sublime, à qui il a esté redevable de certains vers les plus heureux qu'on ait jamais lû ailleurs, de la conduite de son theatre qu'il a quelquefois hasardée & contre les regles des Anciens, & enfin de ses dénoüemens ; car il ne s'est pas toûjours assujetti au goust des Grecs, & à leur grande simplicité; il a aimé au contraire à charger la scene d'évenemens dont il est presque toûjours sorti avec succés : admirable certes par l'extrême varieté & le peu de rapport qui se trouve pour le dessein entre un si grand nombre de Poëmes qu'il a composez. Il semble qu'il y ait plus de ressemblance dans ceux de RACINE, & qui tendent un peu plus à une mesme chose ; mais il est égal, soûtenu, toûjours le mesme par tout; soit pour le dessein & la conduite de ses pieces, qui sont justes, regulieres, prises dans le bon sens & dans la nature ; soit pour sa versification qui est correcte, riche sans ses rimes, élegante, nombreuse, harmonieuse ; exact imitateur des Anciens, dont il a suivi scrupuleusement la netteté & la simplicité

plicité de l'action; à qui le grand & le merveilleux n'ont pas même manqué, ainsi qu'à Corneille ny le touchant ny le patetique; quelle plus grande tendresse que celle qui est répanduë dans tout le *Cid*, dans *Policeucte* & dans les *Horaces*! quelle grandeur ne se remarque point en *Mitridate*, en *Porus*, & en *Burrhus*? Ces passions encore favorites des Anciens, que les tragiques aimoient à exciter sur les theatres, & qu'on nomme la terreur & la pitié, ont esté connuës de ces deux Poëtes; *Oreste* dans l'*Andromaque* de Racine, & *Phedre* du mesme Auteur, comme l'*Oedippe* & les *Horaces* de Corneille en font la preuve. Si cependant il est permis de faire entr'eux quelque comparaison, & les marquer l'un & l'autre par ce qu'ils ont eu de plus propre, & par

H

ce qui éclate le plus ordinairement dans leurs ouvrages, peut-eſtre qu'on pourroit parler ainſi. Corneille nous aſſujettit à ſes caracteres & à ſes idées ; Racine deſcend juſques aux noſtres : celuy-là peint les hommes comme ils devroient eſtre ; celuy-cy les peint tels qu'ils ſont : il y a plus dans le premier de ce que l'on admire, & de ce que l'on doit meſme imiter ; il y a plus dans le ſecond de ce que l'on reconnoiſt dans les autres, ou de ce que l'on éprouve dans ſoy-meſme : l'un éleve, étonne, maîtriſe, inſtruit ; l'autre plaît, remuë, touche, penetre : ce qu'il y a de plus beau, de plus noble & de plus imperieux dans la raiſon eſt manié par le premier ; & par l'autre ce qu'il y a de plus flatteur & de plus délicat dans la paſſion : ce ſont dans celuy-là des maximes, des regles, des preceptes; & dans celuy cy du goust & des sentimens: l'on est plus occupé aux pieces de Corneille; l'on est plus ébranlé & plus attendri à celles de Racine: Corneille est plus moral, Racine plus naturel: il semble que l'un imite Sophocle; & que l'autre doit plus à Euripide.

¶ Le peuple appelle Eloquence la facilité que quelques-uns ont de parler seuls & longtemps, jointe à l'emportement du geste, à l'éclat de la voix, & à la force des poulmons. Les Pedans ne l'admettent aussi que dans le discours oratoire, & ne la distinguent pas de l'entassement des figures, de l'usage des grands mots, & de la rondeur des periodes.

Il semble que la Logique est l'art de convaincre de quelque verité & l'Eloquence un don de l'ame, lequel nous rend maîtres du cœur & de l'esprit des autres, qui fait que nous leur inspirons ou que nous leur persuadons tout ce qui nous plaist.

L'Eloquence peut se trouver dans les entretiens & dans tout genre d'écrire; elle est rarement où on la cherche, & elle est quelquefois où on ne la cherche point.

¶ Un homme né Chrétien & François est embarassé dans la satyre; les grands sujets luy sont défendus, il les entame quelquefois, & se détourne ensuite sur de petites choses qu'il releve par la beauté de son genie & de son style.

¶ Il faut éviter le style vain & puerile, de peur de ressembler à *Dorilas* & à *Handburg*; l'on peut au contraire en une sorte d'écrits hasarder de certaines expressions, user de termes transposez, & qui peignent vivement & plaindre ceux qui ne sentent pas le plaisir qu'il y a à s'en servir ou à les entendre.

¶ Celuy qui n'a égard en écrivant qu'au goust de son siecle, songe plus à sa personne qu'à ses écrits: il faut toûjours tendre à la perfection; & alors cette justice qui nous est quelquefois refusée par nos contemporains, la posterité sçait nous la rendre.

¶ Il ne faut point mettre un ridicule où il n'y en a point; c'est se gâter le goût, c'est corrompre son jugement & celuy des autres; mais le ridicule qui est quelque part, il faut l'y voir, l'en tirer avec grace, & d'une maniere qui plaise & qui instruise.

¶ Horace ou Despreaux l'a dit avant vous; je le crois sur vostre parole; mais je l'ay dit comme mien ; ne puis-je pas penser une chose vraie, & que d'autres encore penseront aprés moy ?

Du MERITE PERSONNEL.

QUI peut avec les plus rares talens & le plus excellent merite n'estre pas convaincu de son inutilité, quand il considere qu'il laisse, en mourant, un monde qui ne se sent pas de sa perte, & où tant de gens se trouvent pour le remplacer ?

¶ De bien des gens il n'y a que le nom qui vale quelque chose ; quand vous les voyez de fort prés, c'est moins que rien ; de loin ils imposent.

¶ Combien d'hommes admirables, & qui avoient de tres-beaux genies sont morts sans qu'on en ait parlé ? Combien vivent encore dont on ne parle point, & dont on ne parlera jamais?

¶ Quelle horrible peine à un homme qui est sans prosneurs & sans cabale, qui n'est engagé dans aucun corps, mais qui est seul, & qui n'a que beaucoup de merite pour toute recommendation, de se faire jour à travers l'obscurité où il se trouve, & venir au niveau d'un fat qui est en credit.

¶ Personne presque ne s'avise de luy-mesme du merite d'un autre.

¶ Les hommes sont trop occupez d'eux-mesmes pour avoir le loisir de penetrer ou de discerner les autres ; de là vient qu'avec un grand merite & une plus grande modestie l'on peut estre long-temps ignoré.

¶ Le genie & les grands talens manquent souvent ; quelquefois aussi les seules occasions : tels peuvent estre loüez de ce qu'ils ont fait, & tels de ce qu'ils auroient fait.

¶ Il n'y a point au monde un si penible métier que celuy de se faire un grand nom ; la vie s'acheve que l'on a à peine ébauché son ouvrage.

¶ Il faut en France beaucoup de fermeté, & une grande étenduë d'esprit pour se passer des charges & des emplois, & consentir ainsi à demeurer chez soy, & ne rien faire ; personne presque n'a assez de merite pour joüer ce rôle avec dignité, ny assez de fond pour remplir le vuide du temps, sans ce que le vulgaire appelle des affaires : il ne manque cependant à l'oisiveté du sage qu'un meilleur nom ; & que mediter, parler, lire, & estre tranquille s'appellât travailler.

¶ Un homme de merite, & qui

est en place, n'est jamais incommode par sa vanité ; il s'étourdit moins du poste qu'il occupe, qu'il n'est humilié par un plus grand qu'il ne remplit pas, & dont il se croit digne : plus capable d'inquietude que de fierté, ou de mépris pour les autres, il ne pese qu'à soi-même.

¶ Un honneste homme se paye par ses mains de l'application qu'il a à son devoir par le plaisir qu'il sent à le faire ; & se désinteresse sur les éloges, l'estime & la reconnoissance qui luy manquent quelquefois.

¶ Si j'osois faire une comparaison entre deux conditions tout à fait inégales, je dirois qu'un homme de cœur pense à remplir ses devoirs à peu prés comme le couvreur songe à couvrir ; ny l'un ny l'autre ne cherchent à exposer leur vie, ny ne sont détournez par le peril ;

la mort pour eux est un inconvenient dans le métier, & jamais un obstacle; le premier aussi n'est gueres plus vain d'avoir parû à la tranchée, emporté un ouvrage, ou forcé un retranchement, que celuy-cy d'avoir monté sur de hautes combles, ou sur la pointe d'un clocher: ils ne sont tous deux appliquez qu'a bien faire, pendant que le fanfaron travaille à ce que l'on dise de luy qu'il a bien fait

¶ Quand on excelle dans son art, & que l'on luy donne toute la perfection dont il est capable, l'on en sort en quelque maniere, & l'on s'égale à ce qu'il y a de plus noble & de plus relevé. V * * est un Peintre. C * * un Musicien, & l'auteur de *Pyrame* est un Poëte : mais MIGNARD est MIGNARD. LULLY est LULLY ; & CORNEILLE est CORNEILLE.

¶ Un homme libre, & qui n'a point de femme, s'il a quelque esprit, peut s'élever au dessus de sa fortune, se mêler dans le monde, & aller de pair avec les plus honnestes gens : cela est moins facile à celuy qui est engagé ; il semble que le mariage met tout le monde dans son ordre.

¶ Un homme à la Cour, & souvent à la Ville, qui a un long manteau de soye ou de Drap d'Hollande, une ceinture large & placée haut sur l'estomac, le soulier de maroquin, la calotte de mesme, d'un beau grain, un collet bien fait & bien empesé, les cheveux arangez & le teint vermeil; qui avec cela se souvient de quelques distinctions metaphysiques, explique ce que c'est que la lumiere de gloire, & sçait précisément comment l'on voit Dieu ; cela s'appelle un Docteur. Une personne humble qui est enseveli dans le cabinet, qui a medité, cherché, consulté, confronté, lû ou écrit pendant toute sa vie, est un homme docte.

¶ Chez nous le soldat est brave, & l'homme de robe est sçavant ; nous n'allons pas plus loin. Chez les Romains l'homme de robe estoit brave, & le soldat estoit sçavant ; un Romain estoit tout ensemble & le soldat & l'homme de robe.

¶ Il semble que le Heros est d'un seul métier, qui est celuy de la guerre ; & que le grand homme est de tous les métiers, ou de la robe, ou de l'épée, ou du cabinet, ou de la Cour : l'un & l'autre mis ensemble ne pesent pas un homme de bien.

¶ Dans la guerre la distinction entre le Heros & le grand Homme est délicate ; toutes les vertus militaires font l'un & l'autre : il semble neanmoins que le premier soit jeune, entreprenant, d'une haute valeur, ferme dans les perils, intrepide ; que l'autre excelle par un grand sens, une vaste prévoyance, une haute capacité & une longue experience : peut-eftre qu'Alexandre n'eftoit qu'un Heros, & que Cefar étoit un grand homme.

¶ J'éviteray avec foin d'offenfer perfonne, fi je fuis equitable ; mais fur toutes chofes un homme d'efprit, fi j'aime le moins du monde mes interefts.

¶ Un homme d'efprit & d'un caractere fimple & droit peut tomber dans quelque piege ; il ne penfe pas que perfonne veüille luy en dreffer, & le choifir pour eftre fa duppe ; cette confiance le rend moins précautionné, & les mauvais plaifans l'entament par cet endroit : il n'y a qu'à perdre pour ceux qui en viendroient à une seconde charge ; il n'est trompé qu'une fois.

¶ Le sage quelquefois évite le monde de peur d'estre ennuyé.

¶ Il n'y a rien de si délié, de si simple, & de si imperceptible, où il n'entre des manieres qui nous decelent. Un sot, ny n'entre, ny ne sort, ny ne s'assied, ny ne se leve, ny ne se tait, ny n'est sur ses jambes comme un homme d'esprit.

Des Femmes.

Les hommes & les femmes conviennent rarement sur le merite d'une femme; leurs interests sont trop differens : les femmes ne se plaisent point les unes aux autres par les mesmes agréemens qu'elles plaisent aux hommes; mille manieres qui allument dans ceux-cy les grandes passions forment entre elles l'aversion ou l'antipathie.

¶ Il y a dans quelques femmes une grandeur artificielle, attachée au mouvement des yeux, à un air de teste, aux façons de marcher, & qui ne va pas plus loin; un esprit ébloüissant qui impose, & que l'on n'estime que parce qu'il n'est pas approfondi. Il y a dans quelques autres une grandeur simple, naturelle, indépendante du geste & de la démarche ; qui a sa source dans le cœur, & qui est comme une suite de leur haute naissance ; un merite paisible, mais solide, accompagné de mille vertus qu'elles ne peuvent couvrir de toute leur modestie, qui échapent, & qui se montrent à ceux qui ont des yeux.

¶ J'ay veu souhaiter d'estre fille, & une belle fille depuis treize ans jusques à vingt-deux; & aprés cet âge de devenir un homme.

¶ Un beau visage est le plus beau de tous les spectacles ; & l'harmonie la plus douce est le son de voix de celle que l'on aime.

¶ L'on peut estre touché de certaines beautez si parfaites, & d'un merite si éclatant, que l'on se borne à les voir & à leur parler.

¶ Une belle femme qui a les qualitez d'un honneste homme, est ce qu'il y a au monde d'un commerce plus delicieux ; l'on trouve en elle tout le merite des deux sexes.

Il échape à une jeune personne de petites choses qui persuadent beaucoup, & qui flatent sensiblement celuy pour qui elles sont faites : il n'échape presque rien aux hommes, leurs caresses sont volontaires, ils parlent, ils agissent, ils sont empressez, & persuadent moins.

¶ Les femmes s'attachent aux hommes par les faveurs qu'elles leur accordent : les hommes guerissent par ces mesmes faveurs.

¶ Une femme oublie d'un homme qu'elle n'aime plus jusques aux faveurs qu'il a receuës d'elle.

¶ Une femme qui n'a qu'un

galand croit n'eſtre point coquette ; celle qui a pluſieurs galans croit n'eſtre que coquette.

¶ Telle femme évite d'eſtre coquette par un ferme attachement à un ſeul, qui paſſe pour folle par ſon mauvais choix.

¶ A un homme vain, indiſcret, qui eſt grand parleur & mauvais plaiſant ; qui parle de ſoy auec confiance, & des autres avec mépris ; impetueux, altier, entreprenant ; ſans mœurs ny probité ; d'un eſprit borné, de nul jugement & d'une imagination tres-libre, il ne luy manque plus pour eſtre adoré de bien des femmes, que de beaux traits & la taille belle.

¶ Il y a des femmes déja flétries qui par leur complexion ou par leur mauvais caractere ſont naturellement la reſſource des jeunes gens qui n'ont pas aſſez de bien. Je ne ſçay qui eſt le plus à plaindre, ou d'une femme avancée en âge qui a besoin d'un cavalier, ou d'un cavalier qui a besoin d'une vieille.

¶ Quelques femmes donnent aux convents & à leurs amans ; galantes & bienfactrices elles ont jusques dans l'enceinte de l'Autel des tribunes & des oratoires où elles lisent des billets tendres, & où personne ne voit qu'elles ne prient point Dieu.

¶ Il y a telle femme qui aime mieux son argent que ses amis, & ses amans que son argent.

¶ Il est étonnant de voir dans le cœur de certaines femmes quelque chose de plus vif & de plus fort que l'amour pour les hommes, je veux dire l'ambition & le jeu : de telles femmes rendent les hommes chastes, elles n'ont de leur sexe que les habits.

¶ A juger de cette femme par sa beauté, sa jeunesse, sa fierté, & ses dédains, il n'y a personne qui doute que ce ne soit un Heros qui doive un jour la charmer : son choix est fait ; c'est un petit monstre qui manque d'esprit.

¶ Est-ce en veuë du secret, ou par un goust hypochondre que cette femme aime un valet, cette autre un Moine, & *Dorinne* son Medecin.

¶ Pour les femmes du monde un Jardinier est un Jardinier, & un Masson est un Masson ; pour quelques autres plus retirées un Masson est un homme, un Jardinier est un homme. Tout est tentation à qui la craint.

¶ Si le Confesseur & le Directeur ne conviennent point sur une regle de conduite ; qui sera le tiers qu'une femme prendra pour surarbitre ?

Le capital pour une femme n'est pas d'avoir un Directeur; mais de vivre si uniment qu'elle s'en puisse passer.

Si une femme pouvoit dire à son Confesseur avec ses autres foiblesses celle qu'elle a pour son Directeur, & le temps qu'elle perd dans son entretien; peut-estre luy seroit-il donné pour penitence d'y renoncer.

¶ C'est trop contre un mary d'estre coquette & devote; une femme devroit opter.

¶ La neutralité entre des femmes qui nous sont également amies, quoy qu'elles ayent rompu pour des interests où nous n'avons nulle part, est un point difficile; il faut choisir souvent entre elles, ou les perdre toutes deux.

¶ Quand l'on a assez fait auprés d'une femme pour devoir l'engager; si cela ne réüssit point, il y a encore une ressource, qui est de ne plus rien faire ; c'est alors qu'elle vous rappelle.

¶ Un homme est plus fidelle au secret d'autruy qu'au sien propre ; une femme au contraire garde mieux son secret que celuy d'autruy.

¶ Les femmes sont extrêmes ; elles sont ou meilleures, ou pires que les hommes.

¶ La plûpart des femmes n'ont gueres de principes; elles se conduisent par le cœur, & dépendent pour leurs mœurs de ceux qu'elles aiment.

¶ Il y a un temps où les filles les plus riches doivent prendre parti ; elles ne laissent gueres échaper les premieres occasions sans se preparer un long repentir ; il semble que la reputation des biens diminuë en elles avec celle de leur beauté ; tout favorife au contraire une jeune personne, jusques à l'opinion des hommes, qui aiment à luy accorder tous les avantages qui peuvent la rendre plus souhaitable.

Combien de filles à qui une grande beauté n'a jamais servi qu'à leur faire esperer une grande fortune.

¶ Il n'y a point dans le cœur d'une jeune fille un si violent amour, à qui l'interest ou l'ambition n'ajoûte quelque chose.

¶ Je ne comprends point comment un mari qui s'abandonne à son humeur & à sa complexion; qui ne cache aucun de ses defauts, & se montre au contraire par ses mauvais endroits; qui est avare, qui est trop negligé dans son ajustement, brusque dans ses réponses, incivil, froid & taciturne, peut esperer de défendre le cœur d'une jeune femme contre les entreprises de son galant, qui employe la parure & la magnificence, la complaisance, les soins, l'empressement, les dons, la flatterie.

¶ Il y a peu de galanteries secrettes : bien des femmes ne sont pas mieux designées par le nom de leurs maris, que par celuy de leurs amans.

¶ Quelques femmes ont dans le cours de leur vie un double engagement à soûtenir, également difficile à rompre & à dissimuler ; il ne manque à l'un que le contract, & à l'autre que le cœur.

¶ Il arrive quelquefois qu'une femme cache à un homme toute la passion qu'elle sent pour luy ; pendant que de son côté il feint pour elle toute celle qu'il ne sent pas.

¶ L'on

¶ L'on suppose un homme indifferent, mais qui voudroit persuader à une femme une passion qu'il ne sent pas; & l'on demande, s'il ne luy seroit pas plus aisé d'imposer à celle dont il est aimé, qu'à celle qui ne l'aime point.

¶ Un homme peut tromper une femme par un feint attachement, pourveu qu'il n'en ait pas ailleurs un veritable.

¶ Un homme éclate contre une femme qui ne l'aime plus, & se console; une femme fait moins de bruit quand elle est quittée, & demeure long-temps inconsolable.

¶ Les femmes guerissent de leur paresse par la vanité ou par l'amour.

¶ Un homme de la ville est pour une femme de Province, ce qu'est pour une femme de ville un homme de la Cour.

¶ Ne pourroit-on point découvrir l'art de se faire aimer de sa femme ?

Du Coeur.

IL y a un goust dans la pure amitié où ne peuvent atteindre ceux qui sont nez mediocres.

¶ L'amitié peut subsister entre des gens de differens sexes, exempte mesme de toute grossiereté ; une femme cependant regarde toûjours un homme comme un homme, & reciproquement un homme regarde une femme comme une femme : cette liaison n'est ni passion, ni amitié pure ; elle fait une classe à part.

¶ L'amour naist brusquement, sans autre reflexion, par temperament ou par foiblesse ; un trait de beauté nous fixe, nous détermine. L'amitié au contraire se forme peu à peu, avec le temps, par la pratique, par un long commerce : combien d'esprit, de bonté de cœur, d'attachement, de services & de complaisance dans les amis, pour faire en plusieurs années bien moins que ne fait quelquefois en un moment un beau visage ou une belle main.

¶ Les hommes souvent veulent aimer, & ne sçauroient y réüssir : ils cherchent leur defaite sans pouvoir la rencontrer, & si j'ose ainsi parler, ils sont contraints de demeurer libres.

¶ Il y a quelquefois dans le cours de la vie de si chers plaisirs & de si tendres engagemens que l'on nous défend, qu'il est naturel de desirer du moins qu'ils fussent permis : de si grands charmes ne peuvent estre surpassez que par celuy de sçavoir y renoncer par vertu.

¶ La vie est courte, si elle ne merite ce nom que lors qu'elle est agreable ; puisque si l'on cousoit ensemble toutes les heures que l'on passe avec ce qui plaist, l'on feroit à peine d'un grand nombre d'années une vie de quelques mois.

¶ Il n'y a qu'un premier dépit en amour, comme la premiere faute dans l'amitié, dont l'on puisse faire un bon usage.

¶ Qu'il est difficile d'estre content de quelqu'un !

¶ L'on est plus sociable & d'un meilleur commerce par le cœur que par l'esprit.

¶ Il y a de certains grands sentimens, de certaines actions nobles & élevées, que nous devons moins à la force de nôtre esprit, qu'à la bonté de nôtre naturel.

¶ Il y a du plaisir à rencontrer les yeux de celuy à qui

l'on vient de donner.

¶ Comme nous nous affectionnons de plus en plus aux personnes à qui nous faisons du bien; de mesme nous haïssons violemment ceux que nous avons beaucoup offensez.

¶ Il n'y a gueres au monde un plus bel excez, que celuy de la reconnoissance.

¶ Il y a des lieux que l'on admire; il y en a d'autres qui touchent, & où l'on aimeroit à vivre.

¶ Il me semble que l'on dépend des lieux pour l'esprit, l'humeur, la passion, le goust & les sentimens.

¶ Quelques-uns se défendent d'aimer & de faire des vers, comme de deux foibles qu'ils n'osent avoüer; l'un du cœur, l'autre de l'esprit.

¶ Regretter ce que l'on aime est un bien, en comparaifon de vivre avec ce que l'on hait.

¶ Vouloir oublier quelqu'un, c'eſt y penſer. L'amour a cela de commun avec les ſcrupules, qu'il s'aigrit par les reflexions & les retours que l'on fait pour s'en délivrer. Il faut, s'il ſe peut, ne point ſonger à ſa paſſion pour l'affoiblir.

De la Societé et de la Conversation.

UN caractere bien fade est celuy de n'en avoir aucun.

¶ C'est le rôle d'un sot d'estre importun: un homme habile sent s'il convient, ou s'il ennuye, il sçait disparoistre le moment qui précede celuy où il seroit de trop quelque part.

¶ L'on marche sur les mauvais plaisans, & il pleut par tout pays de cette sorte d'insectes: un bon plaisant est une piece rare; à un homme qui est né tel il est encore fort délicat d'en soûtenir long-temps le personnage; il n'est pas ordinaire que celui qui fait rire se fasse estimer.

¶ Il y a beaucoup d'esprits obscenes, encore plus de médisans ou de satiriques; peu de délicats. Pour badiner avec grace & rencontrer heureusement sur les plus petits sujets il faut trop de manieres, trop de politesse & même trop de fecondité; c'est créer que de railler ainsi, & faire quelque chose de rien.

¶ Il y a des gens qui parlent un moment avant que d'avoir pensé: il y en a d'autres qui ont une fade attention à ce qu'ils disent, & avec qui l'on souffre dans la conversation de tout le travail de leur esprit ; ils sont comme paîtris de phrases & de petits tours d'expression, concertez dans leur geste & dans tout leur maintien ; ils sont *puristes* *, & ne hazardent pas le moindre mot, quand il devroit faire le plus bel effet du monde: rien d'heureux ne leur échape, rien ne coule de source

* gens qui affectent une grande pureté de langage.

& avec liberté ; ils parlent proprement & ennuyeusement.

¶ L'esprit de la conversation consiste bien moins à en montrer beaucoup qu'à en faire trouver aux autres ; celuy qui sort de vostre entretien content de soy & de son esprit l'est de vous parfaitement : les hommes n'aiment point à vous admirer, ils veulent plaire ; ils cherchent moins à estre instruits & mesme réjoüis, qu'à estre goûtez & applaudis ; & le plaisir le plus délicat est de faire celuy d'autruy.

¶ Lucain a dit une jolie chose ; il y a un beau mot de Claudien ; il y a cet endroit de Seneque : & là-dessus une longue suite de Latin que l'on cite souvent devant des gens qui ne l'entendent pas, & qui feignent de l'entendre. Le secret seroit d'avoir un grand sens & bien de l'esprit; car ou l'on se passeroit des Anciens, ou aprés les avoir lûs avec soin, l'on sçauroit encore choisir les meilleurs, & les citer à propos.

¶ Rien n'est moins selon Dieu & selon le monde, que d'appuyer tout ce que l'on dit dans la conversation, jusques aux choses les plus indifférentes par de longs & de fastidieux sermens. Un honneste homme qui dit oüi & non merite d'estre crû; son caractere jure pour luy, donne créance à ses paroles, & luy attire toute sorte de confiance.

¶ Celuy qui dit incessamment qu'il a de l'honneur & de la probité, qu'il ne nuit à personne, qu'il consent que le mal qu'il fait aux autres luy arrive, & qui jure pour le faire croire, ne sçait pas mesme contrefaire l'homme de bien.

Un homme de bien ne sçauroit

empescher par toute sa modestie qu'on ne dise de luy ce qu'un malhonneste homme sçait dire de soy.

¶ Il ne faut pas qu'il y ait trop d'imagination dans nos conversations ny dans nos écrits; elle ne produit souvent que des idées vaines & pueriles, qui ne servent point à perfectionner le goust, & à nous rendre meilleurs : nos pensées doivent estre prises dans le bon sens & la droite raison, & doivent estre un effet de nostre jugement.

¶ C'est une grande misere que de n'avoir pas assez d'esprit pour bien parler, ny assez de jugement pour se taire : voilà le principe de toute impertinence.

¶ Combien de belles & inutiles raisons à étaler à celuy qui est dans une grande adversité pour essayer de le rendre tranquille : les choses de dehors, qu'on appelle les évenemens, sont quelquefois plus fortes que la raison & que la nature. Mangez, dormez, ne vous laissez point mourir de chagrin, songez à vivre, harangues froides & qui reduisent à l'impossible. Estes-vous raisonnable de vous tant inquieter ? N'est-ce pas dire, Estes vous fou d'estre malheureux ?.

¶ Le conseil si necessaire pour les affaires est quelquefois dans la societé nuisible à qui le donne, & inutile à celuy à qui il est donné : sur les mœurs vous faites remarquer des defauts, ou que l'on n'avoüe pas, ou que l'on estime des vertus ; sur les ouvrages vous rayez les endroits qui paroissent admirables à leur Auteur, où il se complaît davantage, où il croit s'estre surpassé luy-mesme. Vous per-

ou les Mœurs de ce siecle. 205
dez ainsi la confiance de vos amis, sans les avoir rendus ny meilleurs ny plus habiles.

¶ Celuy qui est d'une éminence au dessus des autres, qui le met à couvert de la repartie, ne doit jamais faire une raillerie piquante.

¶ Il y a de petits defauts que l'on abandonne volontiers à la censure, & dont nous ne haïssons pas à estre raillez : ce sont de pareils defauts que nous devons choisir pour railler les autres.

¶ L'on a veu il n'y a pas long-temps un cercle de personnes des deux sexes, liées ensemble par la conversation & par un commerce d'esprit ; ils laissoient au vulgaire l'art de parler d'une maniere intelligible ; une chose dite entre eux peu clairement en entraînoit une autre encore plus obscure, sur laquelle on encherissoit par de vraies enigmes, toûjours suivies de longs applaudissemens : par tout ce qu'ils apelloient délicatesse, sentimens, tour, & finesse d'expression, ils estoient enfin parvenus à n'estre plus entendus, & à ne s'entendre pas eux-mesmes. Il ne falloit, pour fournir à ces entretiens, ny bon sens, ny jugement, ny memoire, ny la moindre capacité ; il faloit de l'esprit, non pas du meilleur, mais de celuy qui est faux, & où l'imagination a trop de part.

¶ Dans la societé c'est la raison qui plie la premiere : les plus sages sont souvent menez par le plus fou & le plus bizarre; l'on étudie son foible, son humeur, ses caprices, l'on s'y accommode; l'on évite de le heurter, tout le monde luy cede, la moindre serenité qui paroist sur son visage luy attire des éloges, on luy tient compte de n'estre pas toûjours insupportable ; il est craint, ménagé, obey, quelquefois aimé.

¶ *Cleante* est un tres-honneste homme, il s'est choisi une femme qui est la meilleure personne du monde & la plus raisonnable ; chacun de sa part fait tout le plaisir & tout l'agréement des societez où il se trouve ; l'on ne peut voir ailleurs plus de probité, plus de politesse : ils se quittent demain, & l'acte de leur separation est tout dressé chez le Notaire. Il y a sans mentir de certains merites qui ne sont point faits pour estre ensemble, de certaines vertus incompatibles.

¶ L'on peut compter seurement sur la dot, le doüaire, & les conventions, mais foiblement sur les *nourritures* ; elles dépendent d'une union fragile qui perit souvent dans l'année du mariage.

¶ L'interieur des familles est souvent troublé par les défiances, les jalousies, & l'antipathie; pendant que des dehors contens, paisibles & enjoüez nous trompent, & nous y font supposer une paix qui n'y est point; il y en a peu qui gagnent à estre approfondies. Cette visite que vous rendez vient de suspendre une querelle domestique qui n'attend que vostre retraite pour recommencer.

¶ G** & H** sont voisins de campagne, & leurs terres sont contiguës; ils habitent une contrée deserte & solitaire; éloignez des villes & de tout commerce, il sembloit que la fuite d'une entiere solitude, ou l'amour de la societé eût dû les assujettir à une liaison recipro-

ou les Mœurs de ce siecle. 209
que : il est cependant difficile d'exprimer la bagatelle qui les a fait rompre, qui les rend implacables l'un pour l'autre, & qui perpetuëra leur haine dans leurs descendans. Jamais des parens, & mesme des freres ne se sont broüillez pour une moindre chose.

Je suppose qu'il n'y ait que deux hommes sur la terre qui la possedent seuls, & qui la partagent toute entre eux deux; je suis persuadé qu'il leur naîtra bien-tost quelque sujet de rupture, quand ce ne seroit que pour les limites.

¶ L'on parle impetueusement dans les entretiens, souvent par vanité ou par humeur, rarement avec assez d'attention : tout occupé du desir de répondre à ce que l'on ne se donne pas mesme la peine d'écouter, l'on suit ses idées, & on les explique sans le moindre égard pour les raisonnemens d'autruy : l'on est bien éloigné de trouver ensemble la verité, l'on n'est pas encore convenu de celle que l'on cherche. Qui pourroit écouter ces sortes de conversations & les écrire, feroit voir quelquefois de bonnes choses qui n'ont nulle suite.

¶ Il a regné pendant quelque temps une sorte de conversation fade & puerile, qui rouloit toute sur des questions frivoles qui avoient relation au cœur & à ce qu'on appelle passion ou tendresse ; la lecture de quelques Romans les avoit introduites parmy les plus honnestes gens de la ville & de la Cour ; ils s'en sont defaits, & la bourgeoisie les a receuës avec les pointes & les équivoques.

¶ Le dédain & le rengorgement dans la societé attire préeifément le contraire de ce où l'on vife, fi c'eft à fe faire eftimer.

¶ Le plaifir de la focieté entre les amis fe cultive par une reffemblance de gouft fur ce qui regarde les mœurs, & par quelque difference d'opinions fur les fciences : par là ou l'on s'affermit & l'on fe complaît dans fes fentimens, ou l'on s'exerce & l'on s'inftruit par la difpute.

¶ L'on ne peut aller loin dans l'amitié, fi l'on n'eft pas difpofé à fe pardonner les uns aux autres les petits defauts.

¶ La mocquerie eft fouvent indigence d'efprit.

¶ Vous le croyez voftre duppe; s'il feint de l'eftre, qui eft plus duppe de luy ou de vous?

¶ Les plus grandes chofes n'ont befoin que d'eftre dites fimplement, elles fe gâtent par l'emphafe; il faut dire noblement les plus petites, elles ne se soûtiennent que par l'expression, le ton & la maniere.

¶ C'est la profonde ignorance qui inspire ordinairement le ton dogmatique: celuy qui ne sçait rien croit enseigner aux autres ce qu'il vient d'apprendre luy-mesme; celuy qui sçait beaucoup pense à peine que ce qu'il dit puisse estre ignoré, & parle plus indifferemment.

¶ Il me semble que l'on dit les choses encore plus finement qu'on ne peut les écrire.

¶ C'est une faute contre la politesse que de loüer immoderément en presence de ceux que vous faites chanter ou toucher un instrument, quelque autre personne qui a ces mesmes talens; comme devant ceux qui vous lisent leurs vers, un autre Poëte.

¶ L'on peut définir l'esprit de

politesse, l'on ne peut en fixer la pratique; elle suit l'usage & les coutumes receuës, elle est attachée au temps, aux lieux, aux personnes, & n'est point la mesme dans les deux sexes, ny dans les differentes conditions; l'esprit tout seul ne la fait pas deviner, il fait qu'on la suit par imitation, & que l'on s'y perfectionne; il y a des temperamens qui ne sont susceptibles que de la politesse, & il y en a d'autres qui ne servent qu'aux grands talens, ou à une vertu solide : il est vray que les manieres polies donnent cours au merite, & le rendent agreable; & qu'il faut avoir de bien éminentes qualitez, pour se soûtenir sans la politesse.

Il me semble que l'esprit de politesse est une certaine attention à faire que par nos paroles &par nos manieres, les autres soient contens de nous, & d'eux-mesmes.

¶ Il y auroit une espece de ferocité à rejetter indifferemment toute sorte de loüanges; l'on doit estre sensible à celles qui nous viennent des gens de bien, qui loüent en nous sincerement des choses loüables.

¶ L'on dit par belle humeur, & dans la liberté de la conversation de ces choses froides, qu'à la verité l'on donne pour telles, & que l'on ne trouve bonnes que parce qu'elles sont extrémement mauvaises : cette maniere basse de plaisanter a passé du peuple à qui elle appartient jusques dans une grande partie de la jeunesse de la Cour qu'elle a déja infectée ; il est vray qu'il y entre trop de fadeur & de grossiereté pour devoir craindre qu'elle s'étende plus loin, & qu'elle fasse de plus grands

ou les Mœurs de ce siecle.
progrez dans un pays qui est le centre du bon goust & de la politesse : L'on doit cependant en inspirer le dégoust à ceux qui la pratiquent ; car bien que ce ne soit jamais serieusement, elle ne laisse pas de tenir la place dans leur esprit & dans le commerce ordinaire de quelque chose de meilleur.

Des Biens de Fortune.

UN homme fort riche peut manger des entremetz, faire peindre ses lambris & ses alcoves, joüir d'un Palais à la campagne, & d'un autre à la ville, avoir un grand équipage, mettre un Duc dans sa famille, & faire de son fils un grand Seigneur ; cela est juste & de son ressort : mais il appartient peut-estre à d'autres de vivre contens.

¶ Une grande naissance, ou une grande fortune annonce le merite, & le fait plûtost remarquer.

¶ A mesure que la faveur & les grands biens se retirent d'un homme, ils laissent voir en luy le ridicule qu'ils couvroient, & qui y estoit sans que personne

sonne s'en apperceut.

¶ Si l'on ne le voyoit de ses yeux, pourroit-on jamais s'imaginer l'étrange disproportion que le plus ou le moins de pieces de monnoye met entre les hommes.

Ce plus ou ce moins détermine à l'Epée, à la Robe, ou à l'Eglise ; il n'y a presque point d'autre vocation.

¶ Un homme est laid, de petite taille, & a peu d'esprit ; l'on me dit à l'oreille, il a cinquante mille livres de rente : cela le concerne tout seul, & il ne m'en fera jamais ny pis ny mieux ; si je commence à le regarder avec d'autres yeux, & si je ne suis pas maistre de faire autrement, quelle sottise !

¶ Il n'y a qu'une affliction qui dure, qui est celle qui vient de la perte de biens; le temps qui adoucit toutes les autres aigrit

K

celle cy ; nous sentons à tous momens pendant le cours de nostre vie, où le bien que nous avons perdu nous manque.

¶ N'envions point à une sorte de gens leurs grandes richesses; ils les ont à titre onereux, & qui ne nous accommoderoit point : ils ont mis leur repos, leur santé, leur honneur, & leur conscience pour les avoir ; cela est trop cher, & il n'y a rien à gagner à un tel marché.

¶ Les P. T. S. nous font sentir toutes les passions l'une aprés l'autre : l'on commence par le mépris à cause de leur obscurité ; on les envie ensuite, on les hait, on les craint, on les estime quelquefois, & on les respecte ; l'on vit assez pour finir à leur égard par la compassion.

¶ Tu te trompes, si avec ce carosse brillant, ce grand nombre de coquins qui te suivent, & ces six bestes qui te traînent tu penses que l'on t'en estime davantage ; l'on écarte tout cet attirail qui t'est étranger, pour penetrer jusques à toy qui n'es qu'un fat.

Ce n'est pas qu'il faut quelquefois pardonner à celuy qui avec un grand cortege, un habit riche, & un magnifique équipage s'en croit plus d'esprit & plus de naissance ; il lit cela dans la contenance & dans les yeux de ceux qui luy parlent.

¶ *Sosie* de la livrée a passé par une petite recette à une sousferme, & par les concussions, la violence & l'abus qu'il a fait de ses *pouvoirs* il s'est enfin sur les ruines de plusieurs familles élevé à quelque grade ; devenu noble par une charge, il ne luy manquoit que d'estre homme de bien : une place de Marguillier a fait ce prodige.

¶ *Arfure* cheminoit seule & à pied vers le grand Portique de Saint * * ; entendoit de loin le Sermon d'un Carme ou d'un Docteur qu'elle ne voyoit qu'obliquement, & dont elle perdoit bien des paroles ; sa vertu estoit obscure, & sa devotion connuë comme sa personne : son mary est entré dans le huitiéme denier; quelle monstrueuse fortune en moins de six années ! Elle n'arrive à l'Eglise que dans un Char, on luy porte une lourde queuë, l'Orateur s'interrompt pendant qu'elle se place, elle le voit de front n'en perd pas une seule parole ny le moindre geste ; il y a une brigue entre les Prestres pour la confesser ; tous veulent l'absoudre, & le Curé l'emporte.

¶ L'on porte *cresus* au Cimetiere : de toutes ces immenses richesses que le vol & la concussion luy avoient acquises, & qu'il a épuisées par le luxe & la bonne chere, il ne luy est pas demeuré de quoy se faire enterrer ; il est mort insolvable, sans biens, & ainsi privé de tous les secours; l'on n'a veu chez luy ny Julep, ny Cordiaux, ny Medecins, ny le moindre Docteur qui l'ait assuré de son salut.

¶ *Champagne* au sortir d'un long dîner qui luy enfle l'estomac, & dans les douces fumées d'un vin d'*Avenet* ou de *Sillery* signe un ordre qu'on luy presente, qui ôteroit le pain à toute une Province si l'on n'y remedioit ; il est excusable, quel moyen de comprendre dans la premiere heure de la digestion qu'on puisse quelque part mourir de faim ?

¶ Ce garçon si frais, si fleuri,

& d'une si belle santé est Seigneur d'une Abbaye & de dix autres Benefices; tous ensemble luy rapportent six vingt mille livres de revenu, dont il n'est payé qu'en medailles * d'or. Il y a ailleurs six vingt familles indigentes qui ne se chaufent point pendant l'hyver, qui n'ont point d'habits pour se couvrir, & qui souvent manquent de pain; leur pauvreté est extrême & honteuse; quel partage! Et cela ne prouve-t'il pas clairement un avenir?

¶ Combien d'hommes ressemblent à ces arbres déja forts & avancez que l'on transplante dans les jardins, où ils surprennent les yeux de ceux qui les voyent placez dans de beaux endroits où ils ne les ont point veu croistre, & qui ne connoissent ny leurs commencemens, ny leurs progrez.

* Loüis d'or.

¶ Si certains morts revenoient au monde, & s'ils voyoient leurs grands noms portez, & leurs Terres les mieux tittrées, avec leurs Châteaux & leurs Maisons antiques possedées par des gens dont les peres estoient peut-estre leurs metayers ; quelle opinion pourroient-ils avoir de nôtre siecle ?

¶ Rien ne fait mieux comprendre le peu de chose que Dieu croit donner aux hommes, en leur abandonnant les richesses, l'argent, les grands établissemens, & les autres biens, que la dispensation qu'il en fait, & le genre d'hommes qui en sont le mieux pourvûs.

¶ Le peuple souvent a le plaisir de la tragedie ; il voit perir sur le theatre du monde les personnages les plus odieux, qui ont fait le plus de mal dans diverses scenes, & qu'il a le plus haïs.

¶ Il faut une sorte d'esprit pour faire fortune, & sur tout une grande fortune : ce n'est ny le bon ny le bel esprit; ny le grand, ny le sublime ; ny le fort, ny le délicat; je ne sçay précisément lequel c'est, & j'attends que quelqu'un veüille m'en instruire.

¶ Il faut avoir trente ans pour songer à sa fortune ; elle n'est pas faite à cinquante ; l'on bâtit dans sa vieillesse, & l'on meurt quand on est aux Peintres & aux Vitriers.

¶ L'on étale tous les matins pour tromper son monde ; & l'on se retire le soir, aprés avoir trompé tout le jour.

¶ Dans toutes les conditions, le pauvre est bien proche de l'homme de bien, & l'opulent n'est gueres éloigné de la friponnerie; le sçavoir faire & l'habileté ne menent pas jusques aux énormes richesses.

L'on peut s'enrichir dans quelque art, ou dans quelque commerce que ce soit, par l'ostentation d'une certaine probité.

¶ Les hommes pressez par les besoins de la vie, & quelquefois par le desir du gain ou de la gloire cultivent des talens profanes, ou s'engagent dans des professions équivoques, & dont ils se cachent long-temps à eux-mesmes le peril & les consequences ; ils les quittent ensuite par une devotion discrete qui ne leur vient jamais qu'aprés qu'ils ont fait leur recolte, & qu'ils joüissent d'une fortune bien établie.

¶ Il y a des ames sales, paîtries de boüe & d'ordure, éprises du gain & de l'interest, comme les belles ames le sont de la gloire & de la vertu ; capables d'une seule volupté, qui est celle d'acquerir, ou de ne point perdre ; curieuses & avides du denier dix, uniquement occupées de leurs debiteurs, toûjours inquietes sur le rabais, ou sur le décry des monnoyes ; enfoncées, & comme abîmées dans les contrats, les titres & les parchemins. De telles gens ne sont ny parens, ny amis, ny citoyens, ny Chrestiens, ny peut-estre des hommes : ils ont de l'argent.

¶ Les traits découvrent la complexion & les mœurs ; mais la mine designe les biens de fortune : le plus ou le moins de mille livres de rente se trouve écrit sur les visages.

¶ Du mesme fond d'orgüeil dont l'on s'éleve fierement au dessus de ses inferieurs, l'on rampe vilement devant ceux qui sont au dessus de soy : c'est le propre de ce vice, qui n'est fondé ny sur le merite personnel, ny sur la vertu; mais sur les richesses, les postes, le credit, & de vaines sciences, de nous porter également à méprifer ceux qui ont moins que nous de cette espece de biens, & à estimer trop ceux qui en ont une mesure qui excede la nostre.

¶ Pendant qu'*Oronte* augmente avec ses années son fond & ses revenus, une fille naist dans quelque famille, s'éleve, croist, s'embellit, & entre dans sa seiziéme année : il se fait prier à cinquante ans pour l'épouser jeune, belle, spirituelle; cet homme sans naissance, sans esprit, & sans le moindre merite est preferé à tous ses rivaux.

¶ Le mariage qui devroit estre à l'homme une source de tous les biens, luy est souvent par la disposition de sa fortune un lourd fardeau sous lequel il succombe : c'est alors qu'une femme & des enfans sont une violente tentation à la fraude, au mensonge, & aux gains illicites ; il se trouve entre la friponnerie, & l'indigence, étrange situation!

¶ L'on ne reconnoît plus en ceux que le jeu & le gain ont illustrez, la moindre trace de leur premiere condition : ils perdent de veuë leurs égaux, & atteignent les plus grands Seigneurs. Il est vray que la fortune du dé, ou du lansquenet les remet souvent où elle les a pris.

De la Ville.

L'On se donne à Paris sans se parler comme un rendez-vous general mais fort exact, tous les soirs au Cours ou aux Tuilleries, pour se regarder au visage, & se desapprouver les uns les autres.

L'on ne peut se passer de ce mesme monde que l'on n'aime point, & dont l'on se mocque.

¶ Narcisse se leve le matin pour se coucher le soir, il a ses heures de toilette comme une femme, il va tous les jours fort regulierement à la belle Messe aux Feüillans, ou aux Minimes, il est homme d'un bon commerce, & l'on compte sur luy au quartier de ** pour un tiers ou pour un cinquiéme à l'ombre ou au reversis; là il tient le fauteüil quatre heures de suite chez *Aricie*, où il risque chaque soir cinq pistolles d'or. Il lit exactement la Gazette d'Hollande & le Mercure Galant ; il a lû *Berge-* * Cyrano. *rac* †, *Des Maretz* *, *Lesclache*, †S. Sorlin les Historiettes de *Rabbin*, & quelques recüeils de Poësies. Il se promene avec des femmes à la Plaine ou au Cours, & il est d'une ponctualité religieuse sur les visites. Il fera demain ce qu'il fait aujourd huy, & ce ce qu'il fit hier ; & il meurt ainsi aprés avoir vescu.

¶ La Ville est partagée en diverses societez, qui sont comme autant de petites Republiques, qui ont leurs loix, leurs usages, leur jargon & leurs mots pour rire : tant que cet assemblage est dans sa force, & que l'entestement subsiste l'on ne trouve rien de bien dit, ou de bien fait que ce qui part des siens, & l'on est incapable de goûter ce qui vient d'ailleurs; cela va jusques au mépris pour les gens qui ne sont pas initiez dans leurs mysteres. L'homme du monde d'un meilleur esprit que le hazard a porté au milieu d'eux leur est étranger; il se trouve là, comme dans un païs lointain, dont il ne connoist ny les routes, ny la langue, ny les mœurs, ny la coûtume; il voit un peuple qui cause, bourdonne, parle à l'oreille, éclate de rire, & qui retombe ensuite dans un morne silence; il y perd son maintien, ne trouve pas où placer un seul mot, & n'a pas mesme de quoy écouter. Il ne manque jamais là un mauvais plaisant qui domine, & qui est comme le heros de la societé; celuy-cy s'est chargé de la joye des autres, & fait toûjours rire avant que d'avoir parlé : si quelquefois une femme survient qui n'est point de leurs plaisirs, la bande joyeuse ne peut comprendre, qu'elle ne sçache point rire de choses qu'elle n'entend pas, & paroisse insensible à des fadaises qu'ils n'entendent eux-mesmes que parce qu'ils les ont faites ; ils ne luy pardonnent ny son ton de voix, ny son silence, ny sa taille, ny son visage, ny son habillement, ny son entrée, ny la maniere dont elle est sortie. Deux années cependant ne passent point sur une mesme *Cotterie* ; il y a toûjours dés la premiere année des semences de division pour rompre dans celle qui doit suivre : l'interest de la beauté, les incidens du jeu, l'extravagance des repas, qui modestes au commencement degenerent bien-tost en piramides de viandes & en banquets somptueux dérangent la Republique, & luy portent enfin le coup mortel : il n'est en fort peu de temps non plus parlé de cette nation, que des mouches de l'année passée.

¶ Penible coûtume, asservissement incommode ! se chercher incessamment les uns les autres avec l'impatience de ne se point rencontrer ; ne se rencontrer que pour se dire des riens, que pour s'apprendre reciproquement des choses dont on est également instruite, ou dont il importe si peu que l'on soit instruite ; n'entrer dans une chambre précisément que pour en sortir ; ne sortir de chez soy l'aprés-dînée que pour y rentrer le soir, fort satisfaite d'avoir veu en cinq petites heures trois Suisses, une femme que l'on ne connoist point , & une autre que l'on n'aime gueres.

Qui connoistroit bien le prix du temps, & combien sa perte est irreparable pleureroit amerement sur de si grandes miseres.

De la Cour.

LE reproche en un sens le plus honorable que l'on puisse faire à un homme, c'est de luy dire qu'il ne sçait pas la Cour ; il n'y a sorte de vertus que l'on ne rassemble en luy par ce seul mot.

Un homme qui sçait la Cour est maistre de son geste, de ses yeux & de son visage ; il est profond, impenetrable ; il dissimule les mauvais offices, soûrit à ses ennemis, contraint son humeur, déguise ses passions, dément son cœur, parle, agit contre ses sentimens : tout ce grand raffinement n'est qu'un vice que l'on appelle fausseté, quelquefois aussi inutile au Courtisan pour sa fortune, que la franchise, la sincerité & la vertu.

¶ Il y a quelques rencontres dans la vie, où la verité & la simplicité sont le meilleur manege du monde.

¶ C'est avoir fait un grand pas dans la finesse que de faire penser de soy que l'on n'est que mediocrement fin.

¶ Un homme qui a vescu dans l'intrigue un certain temps, ne peut plus s'en passer; toute autre vie pour luy est languissante.

¶ Il faut avoir de l'esprit pour estre homme de caballe; l'on peut cependant en avoir à un certain point que l'on est au dessus de l'intrigue & de la cabale, & que l'on ne sçauroit s'y assujettir; l'on va alors à une grande fortune, ou à une haute reputation par d'autres chemins.

¶ Toutes les veuës, toutes les maximes, & tous les raffinemens de la politique tendent à une seule fin, qui est de n'estre point trompé, & de tromper les autres.

¶ La Province est l'endroit d'où la Cour comme dans son point de veuë paroist une chose admirable ; si l'on s'en approche, ses agréemens diminuënt comme ceux d'une perspective que l'on voit de trop prés.

¶ L'on s'accoûtume difficilement à une vie qui se passe dans une antichambre, dans des cours, ou sur l'escalier.

¶ Il faut qu'un honneste homme ait tâté de la Cour ; il découvre en y entrant comme un nouveau monde qui luy estoit inconnu, où il voit regner également le vice & la politesse, & où tout luy est utile, le bon & le mauvais.

¶ L'on va quelquefois à la Cour pour en revenir, & se faire par là respecter du noble de sa Province.

¶ Le Brodeur & le Confiseur seroient superflus & ne feroient qu'une montre inutile, si l'on estoit modeste & sobre; les Cours seroient desertes, & les Rois presque seuls, si l'on estoit gueri de la vanité & de l'interest. Les hommes veulent estre esclaves quelque part, & puiser là de quoy dominer ailleurs. Il semble que l'on livre en gros aux premiers de la Cour l'air de hauteur, de fierté, & de commandement afin qu'ils le distribuënt en détail dans les Provinces : ils font précisément comme on leur fait, vrays Singes de la Royauté.

¶ Il n'y a rien qui enlaidisse certains Courtisans comme la

presence du Prince ; à peine les puis-je reconnoistre à leurs visages, leurs traits sont alterez, & leur contenance est avilie : les gens fiers & superbes sont les plus défaits, car ils perdent plus du leur ; celuy qui est honneste & modeste s'y soûtient mieux, il n'a rien à reformer.

¶ L'air de Cour est contagieux, il se prend à **, comme l'accent Normand à Roüen ou à Falaise ; on l'entrevoit en des Fouriers, en de petits Contrôleurs, & en des Chefs de fruiterie ; l'on peut avec une portée d'esprit fort mediocre y faire de grands progrez : Un homme d'un genie élevé & d'un merite solide ne fait pas assez de cas de cette espece de talent pour faire son capital de l'étudier & se le rendre propre ; il l'acquiert sans reflexion, & il ne pense point à s'en defaire.

ou les Mœurs de ce siecle. 239

¶ Qu'un favori s'observe de fort prés; car s'il me fait moins attendre dans son antichambre qu'à l'ordinaire, s'il a le visage plus ouvert, s'il fronce moins le sourcil, s'il m'écoute plus volontiers, & s'il me reconduit un peu plus loin je penseray qu'il commence à tomber, & je penseray vray.

¶ L'homme a bien peu de ressources dans soy-mesme, puis qu'il luy faut une disgrace ou une mortification pour le rendre plus humain, plus traitable, moins feroce, plus honneste homme.

¶ Il faut des fripons à la Cour auprés des Grands, & des Ministres mesme les mieux intentionnez; mais l'usage en est délicat, & il faut sçavoir les mettre en œuvre: il y a des temps & des occasions où ils ne peuvent estre suppléez par d'autres. Honneur, vertu, conscience, qualitez toûjours respectables, souvent inutiles : que voulez-vous quelquefois que l'on fasse d'un homme de bien.

¶ Combien de gens vous étouffent de caresses dans le particulier, vous aiment & vous estiment, qui sont embarassez de vous dans le public, & qui au lever ou à la Messe évitent vos yeux & vostre rencontre. Il n'y a qu'un petit nombre de Courtisans qui par grandeur, ou par une confiance qu'ils ont d'eux-mesmes osent honorer devant le monde le merite qui est seul, & dénué de grands établissemens.

¶ Il est aussi dangereux à la Cour de faire les avances, qu'il est embarassant de ne les point faire.

¶ Il y a des gens à qui ne connoistre point le nom & le visage

sage d'un homme est un titre pour en rire & le mépriser. Ils demandent qui est cet homme; Ce n'est ny *Rousseau*, ny un * *Fabry*, ny *la Couture* ; ils ne pourroient le méconnoître.

¶ L'on me dit tant de mal de cet homme, & j'y en vois si peu ; que je commence à soupçonner qu'il n'ait un merite importun, qui éteigne celuy des autres.

¶ Vous estes homme de bien, vous ne songez ny à plaire ny à déplaire aux favoris, uniquement attaché à vostre maistre, & à vostre devoir ; vous estes perdu.

¶ Qui est plus esclave qu'un Courtisan assidu ; si ce n'est un Courtisan plus assidu.

¶ Celuy qui un beau jour sçait renoncer fermement, ou à un grand nom, ou à une

* Puny pour des saletez.

L.

grande autorité, ou à une grande fortune se delivre en un moment de bien des peines, de bien des veilles, & quelquefois de bien des crimes.

¶ L'esclave n'a qu'un maistre: l'ambitieux en a autant qu'il y a de gens utiles à sa fortune.

¶ Mille gens à peine connus font la foule au lever pour estre veus du Prince qui n'en sçauroit voir mille à la fois; & s'il ne voit aujourd'huy que ceux qu'il vit hier, & qu'il verra demain; combien de malheureux.

¶ De tous ceux qui s'empressent auprés des grands & leur font la Cour, un petit nombre les honore dans le cœur, un grand nombre les recherche par des veües d'ambition & d'interest; un plus grand nombre par une ridicule vanité, ou une sotte impatience de se faire voir.

¶ Il y a un païs où les joyes sont visibles, mais fausses; & les chagrins cachez, mais réels. Qui croiroit que l'empressement pour les spectacles, que les éclats & les applaudissemens aux Theatres de Moliere & d'Arlequin, les repas, la chasse, les Ballets, les Carrouzels couvrissent tant d'inquietudes, de soins & de divers interêts; tant de craintes, & d'esperances; des passions si vives, & des affaires si serieuses.

¶ Les deux tiers de ma vie sont écoulez; pourquoy tant m'inquieter sur ce qui m'en reste; la plus brillante fortune ne merite point ny le tourment que je me donne, ny les petitesses où je me surprends, ny les humiliations, ny les hontes que j'essuye : trente années détruiront ces Colosses de puissance qu'on ne voioit bien qu'à force de lever la teste: nous disparoistrons moy qui suis si peu de chose, & ceux que je contemplois si avidement, & de qui j'esperois toute ma grandeur : le meilleur de tous les biens, s'il y a des biens, c'est le repos, la retraitte, & un endroit qui soit son domaine. N. ** a pensé cela dans sa disgrace, & l'a oublié dans sa prosperité.

¶ Un Noble, s'il vit chez luy dans sa Province, il vit libre, mais sans appuy : s'il vit à la Cour il est protegé, mais il est esclave ; cela se compense.

¶ L'on parle d'une region où les vieillards sont galans, polis, & civils ; Les jeunes gens au contraire, durs, feroces, sans mœurs, ny politesse : ils se trouvent affranchis de la passion des femmes dans un âge où l'on commence ailleurs à la sentir; ils leur preferent des repas, des viandes, & des amours ridicules : celuy-là chez eux est sobre & moderé qui ne s'enyvre que de vin ; l'usage trop frequent qu'ils en ont fait le leur a rendu insipide ; ils cherchent à réveiller leur goût déja éteint par des eaux de vie, & par toutes les liqueurs les plus violentes; il ne manque à leur débauche que de boire de l'eau forte. Les femmes du païs precipitent le declin de leur beauté par des artifices qu'elles croient servir à les rendre belles ; leur coûtume est de peindre leurs lévres, leurs joües, leurs sourcils, & leurs épaules qu'elles étalent avec leur gorge, leurs bras & leurs oreilles ; comme si elles craignoient de cacher l'endroit par où elles pourroient plaire, ou de ne pas se montrer assez. Ceux qui habitent cette contrée ont une phisionomie qui n'est pas nette, mais confuse, embarrassée dans une épaisseur de cheveux étrangers qu'ils preferent aux naturels, & dont ils font un long tissu pour couvrir leur teste ; ils descendent à la moitié du corps, changent les traits, & empêchent qu'on ne connoisse les hommes à leur visage. Ces peuples d'ailleurs ont leur Dieu & leur Roy; les Grands de la nation s'assemblent tous les jours à une certaine heure dans un Temple qu'ils nomment Eglise ; il y a au fond de ce Temple un Autel consacré à leur Dieu, où un Prestre celebre des mysteres qu'ils appellent saints, sacrez & redoutables; ces Grands forment un vaste cercle au pied de cet Autel, & paroissent debout, le dos tourné directement aux Prestres, & aux saints mysteres, & les faces élevées vers leur Roy que l'on voit à à genoux sur une Tribune, & à qui ils semblent avoir tout l'esprit & tout le cœur appliqué. On ne laisse pas de voir dans cet usage une espece de subordination ; car ce peuple paroît adorer le Prince, & le Prince adorer Dieu. Les gens du pays le nomment ∗∗∗ ; il est à quelques quarante-huit degrez d'élevation du pôle, & à plus d'onze cent lieües de Mer des Iroquois, & des Hurons.

¶ Qui considerera que le visage du Prince fait toute la felicité du Courtisan ; qu'il s'occupe & se remplit pendant toute sa vie de le voir & d'en estre veu, comprendra un peu comment voir Dieu peut faire toute la gloire & tout le bonheur des Saints.

¶ Si l'on ne se precautionne à la Cour contre les pieges que l'on y tend sans cesse pour faire tomber dans le ridicule, l'on est étonné avec tout son esprit de se trouver la duppe de plus sots que soy.

¶ Avec cinq ou six termes de l'art, & rien de plus, l'on se donne pour connoisseur en musique, en tableaux, en bâtimens, & en bonne chere; L'on croit avoir plus de plaisir qu'un autre à entendre, à voir & à manger; l'on impose à ses semblables, & l'on se trompe soy-même.

¶ Il y a un certain nombre de phrases toutes faites, que l'on prend comme dans un magazin & dont l'on se sert pour se feliciter les uns les autres sur les évenemens; bien qu'el-

ou les Mœurs de ce siecle. 249
les se disent souvent sans affection, & qu'elles soient receües sans reconnoissance, il n'est pas permis avec cela de les omettre ; parce que du moins elles sont l'image de ce qu'il y a au monde de meilleur qui est l'amitié, & que les hommes ne pouvant gueres conter les uns sur les autres pour la réalité, semblent estre convenus entre eux de se contenter des apparences.

¶ C'est beaucoup tirer de nôtre amy, si ayant monté à une grande faveur, il est encore un homme de nôtre connoissance.

¶ Un esprit sain puise à la Cour le goût de la solitude & de la retraite.

¶ Il y a dans les Cours des apparitions de gens avanturiers & hardis, d'un caractere libre & familier, qui se produisent

L v

d'eux-mesmes, protestent qu'ils ont dans leur art toute l'habileté qui manque aux autres, & qui sont crûs sur leur parole. Ils profitent cependant de l'erreur publique, ou de l'amour qu'ont les hommes pour la nouveauté; ils percent la foule, & parviennent jusqu'à l'oreille du Prince à qui le Courtisan les voit parler pendant qu'il se trouve heureux d'en estre veu: ils ont cela de commode pour les Grands qu'ils en sont soufferts sans consequence, & congediez de même; alors ils disparoissent tout à la fois riches & decreditez, & le monde qu'ils viennent de tromper est encore prest d'estre trompé par d'autres.

¶ Le favory n'a point de suites, il est sans engagement & sans liaisons, il peut estre entouré de parens & de creatures, mais il n'y tient pas; il est détaché de tout, & comme isolé.

¶ Une grande parure pour le favory disgracié, c'est la retraitte : il luy est avantageux de disparoistre, plûtost que de traîner dans la Ville le debris d'une faveur qu'il a perduë, & de faire un nouveau personnage si different du premier qu'il a soûtenu : il conserve au contraire le merveilleux de sa vie dans la solitude, & mourant pour ainsi dire avant la caducité, il ne laisse de soy qu'une belle idée & une memoire agreable.

DES GRANDS.

LA prevention du peuple en faveur de ses Princes est si aveugle, & l'entestement pour leur geste, leur visage, leur ton de voix & leurs manieres si general; que s'ils s'avisoient d'estre bons, cela iroit à l'idolâtrie, le seul mal sous ce regne que l'on pouvoit craindre.

¶ L'avantage des Grands sur les autres hommes est immense par un endroit : je leur cede leur bonne chere, leurs riches ameublemens, leurs chiens, leurs chevaux, leurs singes, leurs nains, leurs fous & leurs flateurs ; mais je leur envie le bonheur d'avoir à leur service des gens qui les égalent par le cœur, & par l'esprit, & qui les passent quelquefois.

¶ Les Grands se piquent d'ouvrir une allée dans une forest, de soutenir des terres par de longues murailles, de dorer des plafonds, de faire venir dix pouces d'eau, de meubler une orangerie : mais de rendre un cœur content, de combler une ame de joye, de prevenir d'extremes besoins, ou d'y remedier ; leur curiosité ne s'étend point jusques-là.

¶ Les Grands dédaignent les gens d'esprit qui n'ont que de l'esprit ; les gens d'esprit méprisent les Grands qui n'ont que de la grandeur : les gens de bien plaignent les uns & les autres, qui ont ou de la grandeur ou de l'esprit, sans nulle vertu.

¶ Une froideur, ou une incivilité qui vient de ceux qui sont au dessus de nous, nous les rend haïssables ; mais un salut, ou un sourire nous les reconcilie.

¶ Les Grands croient estre seuls parfaits, n'admettent qu'à peine dans les autres hommes la droiture d'esprit, l'habileté, la delicatesse, & s'emparent de ces riches talens comme de choses deuës à leur naissance: c'est cependant en eux une erreur grossiere de se nourrir de si fausses préventions; ce qu'il y a jamais eu de mieux pensé, de mieux dit, de mieux écrit, & peut-estre d'une conduite plus delicate ne nous est pas toujours venu de leur fond: ils ont de grands domaines, & uue longue suite d'ancestres, cela ne leur peut estre contesté.

¶ Qui peut dire pourquoy quelques-uns ont le gros lot, ou quelques autres la faveur des Grands.

¶ Les aises de la vie, l'abondance, le calme d'une grande prosperité font que les Princes ont de la joye de reste pour rire d'un nain, d'un singe, d'un imbecille, & d'un mauvais conte. Les gens moins heureux ne rient qu'à propos.

¶ Les Grands ne doivent point aimer les premiers temps, ils ne leur sont point favorables; il est triste pour eux d'y voir que nous sortions tous du frere & de la sœur. Les hommes composent ensemble une même famille; il n'y a que le plus, ou le moins dans le degré de parenté.

¶ Quelques profonds que soient les Grands de la Cour, & quelque art qu'ils ayent pour paroistre ce qu'ils ne sont pas, & pour ne point paroistre ce qu'ils sont, ils ne peuvent cacher leur malignité, leur extrême pente à rire aux dépens d'autruy, & à jetter un ridicule souvent où il n'y en peut avoir : ces beaux talens se découvrent en eux du premier coup d'œil, admirables sans doute pour envelopper une duppe, & rendre sot celuy qui l'est déja; mais encore plus propres à leur oster tout le plaisir qu'ils pourroient tirer d'un homme d'esprit, qui sçauroit se tourner & se plier en mille manieres agreables & réjoüissantes, si le dangereux caractere du Courtisan ne luy imposoit pas une fort grande retenuë : il ne luy reste que le caractere serieux dans lequel il se retranche; & il fait si bien que les railleurs avec des intentions si mauvaises manquent d'occasions de se joüer de luy.

¶ Il semble d'abord qu'il entre dans les plaisirs des Princes un peu de celuy d'incommoder les autres : mais non, les Princes ressemblent aux hommes ; ils songent à eux-mesmes suivent leur goust, leurs passions, leur commodité ; cela est naturel.

¶ Les Princes sans d'autre science ny d'autre regle ont un goust de comparaison ; ils sont nez & élevez au milieu & comme dans le centre des meilleures choses, à qui ils rapportent ce qu'ils lisent, ce qu'ils voyent, & ce qu'ils entendent. Tout ce qui s'éloigne trop de Lully, de Racine, & de le Brun, est condamné.

¶ Il semble que la premiere regle des compagnies, des gens en place, ou des puissans est de donner à ceux qui dépendent d'eux pour le besoin de leurs affaires toutes les traverfes qu'ils en peuvent craindre.

¶ C'est avoir une tres-mauvaise opinion des hommes, & neanmoins les bien connoistre, que de croire dans un grand poste leur imposer par des caresses étudiées, par de longs & steriles embrassemens.

¶ C'est une pure hypocrisie à un homme d'une certaine élevation de ne pas prendre d'abord le rang qui luy est dû, & que tout le monde luy cede; il ne luy coûte rien d'estre modeste, de se mêler dans la multitude qui va s'ouvrir pour luy, de prendre dans une assemblée une derniere place, afin que tous l'y voyent, & s'empressent de l'en ôter. La modestie est d'une pratique plus amere aux hômes d'une condition ordinaire; s'ils se jettent dãs la foule on les écrase, s'ils choifissent un poste incommode, il leur demeure.

¶ L'on se porte aux extremitez opposées à l'égard de certains personnages; la satire aprés leur mort court parmi le peuple, pendant que les voutes des Temples retentissent de leurs éloges : ils ne meritent quelquefois ny libelles, ny discours funebre ; quelquefois aussi ils sont dignes de tous les deux.

¶ L'on doit se taire sur les Puissans ; il y a presque toûjours de la flatterie à en dire du bien ; il y a du peril à en dire du mal pendant qu'ils vivent, & de la lâcheté quand ils sont morts.

¶ Si les Grands ont les occasions de nous faire du bien, ils en ont rarement la volonté; & s'ils desirent de nous faire du mal, ils n'en trouvent pas toûjours les occasions : ainsi l'on peut-eftre trompé dans l'efpece de culte que l'on leur rend; s'il n'eft fondé que fur l'efperance, ou fur la crainte ; & une longue vie fe termine quelquefois fans qu'il arrive de dépendre d'eux pour le moindre intereft, ou que l'on leur doive fa bonne ou fa mauvaife fortune : nous devons les honorer parce qu'ils font grands & que nous fommes petits ; & qu'il y en a d'autres plus petits que nous qui nous honorent.

¶ Ne parler aux jeunes Princes que du foin de leur rang, eft un excez de précaution, lorfque toute une Cour met fon devoir & une partie de fa politeffe à les refpecter, & qu'ils font bien moins fujets à ignorer aucun des égards qui font dûs à leur naiffance, qu'à confondre les perfonnes, &

les traiter indifferemment & sans distinction des conditions & des titres : ils ont une fierté naturelle qu'ils retrouvent dans les occasions ; il ne leur faut des leçons que pour la regler, que pour leur inspirer la bonté, l'honnesteté, & l'esprit de discernement.

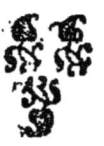

Du Souverain.

Quand l'on parcourt sans la prévention de son pays toutes les formes de gouvernement, l'on ne sçait à laquelle se tenir ; il y a dans toutes le moins bon, & le moins mauvais. Ce qu'il y a de plus raisonnable & de plus seur, est d'estimer celle où l'on est né la meilleure de toutes, & de s'y soûmettre.

¶ Le caractere des François demande du serieux dans le Souverain.

¶ L'un des malheurs du Prince est d'estre souvent trop plein de son secret, par le peril qu'il y a à le répandre ; son bonheur est de rencontrer une personne seure qui l'en décharge.

¶ Il ne manque rien à un Roy que les douceurs d'une vie privée; il ne peut estre consolé d'une si grande perte que par le charme de l'amitié, & par la fidelité de ses amis.

¶ Le plaisir d'un Roy qui est digne de l'estre, est de l'estre moins quelquefois ; de sortir du Theatre, de quitter le bas de soye & les brodequins, & de jouer avec une personne de confiance un rôle plus familier.

¶ Rien ne fait plus d'honneur au Prince, que la modestie de son favory.

¶ Il ne faut ny art ny science pour exercer la tyrannie; & la politique qui ne consiste qu'à répandre le sang est fort bornée, & de nul raffinement : elle inspire de tuer ceux dont la vie est un obstacle à nostre ambition ; un homme né cruel fait cela sans peine. C'est la maniere la plus horrible & la plus grossiere de se maintenir ou de s'aggrandir.

¶ Il y a peu de regles generales & de mesures certaines pour bien gouverner ; l'on suit le temps & les conjonctures, & cela roule sur la prudence & sur les veuës de ceux qui regnent ; aussi le chef-d'œuvre de l'esprit c'est le parfait gouvernement ; & ce ne seroit peut-estre pas une chose possible, si les peuples par l'habitude où ils sont de la dépendance & de la soûmission ne faisoient la moitié de l'ouvrage.

¶ Sous un tres-grand Roy ceux qui tiennent les premieres places n'ont que des devoirs faciles, & que l'on remplit sans nulle peine : tout coule de source ; l'autorité & le genie du Prince leur applanissent

sent les chemins, leur épargnent les difficultez, & font tout prosperer au dela de leur attente : ils ont le merite de subalternes.

¶ Que de dons du Ciel ne faut-il point pour bien regner. Une naissance auguste, un air d'empire & d'autorité, un visage qui remplisse la curiosité des peuples empressez de voir le Prince, & qui conserve le respect dans le Courtisan. Une parfaite égalité d'humeur, un grand éloignement pour la raillerie piquante, ou assez de raison pour ne se la permettre point, ne faire jamais ny menaces ny reproches, ne point ceder à la colere, & estre toûjours obei. L'esprit facile, insinuant; le cœur ouvert, sincere, & dont on croit voir le fond, & ainsi tres-propre à se faire des amis, des creatures,

& des alliez ; estre secret, toutefois profond & impenetrable dans ses motifs & dans ses projets. Du serieux & de la gravité dans le public ; de la briéveté, jointe à beaucoup de justesse & de dignité, soit dans les réponses aux Ambassadeurs des Princes, soit dans les conseils. Une maniere de faire des graces, qui est comme un second bienfait, le choix des personnes que l'on gratifie ; le discernement des esprits, des talens & des complexions pour la distribution des postes & des emplois ; le choix des Generaux & des Ministres. Un jugement ferme, solide, decisif dans les affaires, qui fait que l'on connoist le meilleur parti & le plus juste ; Un esprit de droiture & d'équité qui fait qu'on le suit jusques à prononcer quelquefois contre soy-mesme en faveur du peuple, des alliez ; des ennemis : une memoire heureuse & tres-presente, qui rappelle les besoins des sujets, leurs noms, leurs requestes. Une vaste capacité qui s'étende non seulement aux affaires de dehors, au commerce, aux maximes d'Etat, aux veuës de la politique, au reculement des frontieres par la conqueste de nouvelles Provinces, & à leur seureté par un grand nombre de forteresses inaccessibles ; mais qui sçache aussi se renfermer au dedans, & comme dans les détails de tout un Royaume ; qui en bannisse un culte faux, suspect & ennemi de la souveraineté, s'il s'y rencontre ; qui abolisse des usages cruels & impies, s'ils y regnent ; qui reforme les loix & les coûtumes, si elles estoient remplies d'abus ; qui donne aux villes plus de feureté & plus de commoditez par le renouvellement d'une exacte police, plus d'éclat & plus de majesté par des édifices fomptueux. Punir feverement les vices fcandaleux ; donner par fon autorité & par fon exemple du credit à la pieté & à la vertu : proteger l'Eglife, fes miniftres, fes droits, fes libertez: ménager fes peuples comme fes enfans ; eftre toûjours occupé de la penfée de les foulager , de rendre les fubfides legers , & tels qu'ils fe levent fur les Provinces fans les appauvrir. De grands talens pour la guerre ; eftre vigilant , appliqué , laborieux ; avoir des armées nombreufes, les commander en perfonne , eftre froid dans le peril, ne ménager fa vie que pour le bien de fon Etat, aimer le bien de son Etat & sa gloire plus que sa vie. Une puissance tres-absoluë, qui oste cette distance infinie qui est quelquefois entre les Grands & les petits, qui les rapproche, & sous qui tous plient également; qui ne laisse point d'occasions aux brigues, à l'intrigue & à la caballe; qui fait que le Prince voit tout par ses yeux, qu'il agit immediatement & par luy-même; qui fait que ses Generaux ne sont quoy qu'éloignez de luy que ses Lieutenans, & les Ministres que ses Ministres. Une profonde sagesse qui sçait declarer la guerre, qui sçait vaincre & user de la victoire; qui sçait faire la paix, qui sçait la rompre, qui sçait quelquefois & selon les divers interests contraindre les ennemis à la recevoir; qui donne des regles à une vaste ambition, & sçait jusques où l'on doit conquerir. Au milieu dennemis couverts ou declarez se procurer le loisir des jeux, des festes, des spectacles ; cultiver les arts & les sciences ; former & executer des projets d'édifices surprenans. Un genie enfin superieur & puissant qui se fait aimer & reverer des siens, craindre des étrangers ; qui fait d'une Cour & mesme de tout un Royaume comme une seule famille unie parfaitement sous un mesme Chef, dont l'union & la bonne intelligence est redoutable au reste du monde. Ces admirables vertus me semblent renfermées dans l'idée d'un Souverain ; il est vray qu'il est rare de les voir ensemble dans un mesme sujet ; il faut que trop de choses concourent à la fois, l'esprit, le cœur, les dehors, le temperament :

de là vient que le Monarque qui les rassemble toutes en sa personne, ne merite rien de moins que le nom de Grand.

DE L'HOMME.

NE nous emportons point contre les hommes en voyant leur dureté, leur ingratitude, leur injustice, leur fierté, l'amour qu'ils ont pour eux-mesmes, & l'oubli où ils sont des autres ; ils sont ainsi faits, c'est leur nature, c'est ne pouvoir supporter que la pierre tombe, ou que le feu s'éleve.

¶ Les hommes ne s'attachent pas assez à ne point manquer les occasions de faire plaisir ; il semble que l'on n'entre dans un employ que pour pouvoir obliger, & n'en rien faire ;

la chose la plus prompte & & qui se presente d'abord, c'est le refus, & l'on n'accorde que par reflexion.

¶ Il est difficile qu'un fort malhonneste homme ait assez d'esprit; un genie qui est droit & perçant conduit enfin à la regle, à la probité, à la vertu: il manque du sens & de la penetration à celuy qui s'opiniâtre dans le mauvais comme dans le faux; l'on cherche en vain à le corriger par des traits de satyre qui le designent aux autres, & où il ne se reconnoist pas luy-mesme; ce sont des injures dites à un sourd. Il seroit desirable pour le plaisir des honnestes gens & pour la vengeance publique, qu'un coquin ne le fût pas au point d'estre privé de tout sentiment.

¶ Les hommes en un sens ne sont point legers, ou ne le

ou les Mœurs de ce siecle. 273
sont que dans les petites choses:
Ils changent leurs habits, leur
langage, les dehors, les bien-
seances; ils changent de goût
quelquefois; ils gardent leurs
mœurs toûjours mauvaises, fer-
mes & constans dans le mal, ou
dās l'indifference pour la vertu.

¶ Il y a des vices que nous
ne devons à personne, que
nous apportons en naissant,
& que nous fortifions par l'habitude; il y en a d'autres que
l'on contracte, & qui nous sont
étrangers : L'on est né quelquefois avec des mœurs faciles, de la complaisance & tout
le desir de plaire; mais par les
traitemens que l'on reçoit de
ceux avec qui l'on vit, ou de
qui l'on dépend, l'on est bien-
tost jetté hors de ses mesures,
& mesme de son naturel; l'on
a des chagrins, & une bile que
l'on ne se connoissoit point,

M y

l'on se voit une autre complexion, l'on est enfin étonné de se trouver dur & épineux.

¶ Il y a des gens qui apportent en naissant chacun de leur part de quoy se haïr pendant toute leur vie, & ne pouvoir se supporter.

¶ Penetrant à fond la contrarieté des esprits, des goûts & des sentimens, je suis bien plus émerveillé de voir que les milliers d'hommes qui composent une nation se trouvent rassemblez en un mesme païs, pour parler une mesme langue, vivre sous les mesmes loix, convenir entre eux d'une mesme coûtume, des mesmes usages, & d'un mesme culte ; que de voir diverses nations se cantonner sous les differens climats qui leur sont distribuez, & se partager sur toutes ces choses.

¶ Tout est étranger dans l'humeur, les mœurs, & les manieres de la plûpart des hommes: tel a vêcu pendant toute sa vie chagrin, emporté, avare, rampant, soûmis, laborieux, interessé; qui estoit né gay, paisible, paresseux, magnifique, d'un courage fier & éloigné de toute bassesse; les besoins de la vie, la situation où l'on se trouve, la loy de la necessité forcent la nature, & y causent ces grands changemens. Ainsi tel homme au fond, & en luy mesme ne se peut definir; trop de choses sont hors de luy qui l'alterent, le changent, le bouleversent; il n'est point précisément ce qu'il est, ou ce qu'il paroist estre.

¶ La vie est courte & ennuyeuse; elle se passe toute à desirer: l'on remet à l'avenir son repos & ses joyes, à cet âge souvent où les meilleurs biens ont déja disparu, la santé, & la jeunesse. Ce temps arrive qui nous surprend encore dans les desirs : on en est là, quand la fiévre nous saisit & nous éteint ; si l'on eût gueri, ce n'estoit que pour desirer plus long-temps.

¶ Il est si ordinaire à l'homme de n'estre pas heureux, & si essentiel à tout ce qui est un bien d'estre acheté par mille peines, qu'une affaire qui se rend facile, devient suspecte: L'on comprend à peine, ou que ce qui coûte si peu, puisse nous estre fort avantageux ; ou qu'avec des mesures justes, l'on doive si aisément parvenir à la fin que l'on se propose : l'on croit meriter les bons succez, mais n'y devoir compter que fort rarement.

¶ Les hommes ont tant de peine à s'approcher sur les affaires, sont si épineux sur les moindres interests, si herissez de difficultez; veulent si fort tromper, & si peu estre trompez; mettent si haut ce qui leur appartient, & si bas ce qui appartient aux autres; que j'avoüe que je ne sçay par où, & comment se peuvent conclure les mariages, les contracts, les acquisitions, la paix, la treve, les traitez, les alliances.

¶ Rien n'engage tant un esprit raisonnable à supporter tranquillement des parens & & des amis les torts qu'ils ont à son égard, que la reflexion qu'il fait sur les vices de l'humanité, & combien il est penible aux hommes d'estre constans, genereux, fidelles, d'être touchez d'une amitié plus forte que leur interest : Comme il connoist leur portée, il n'exige point d'eux qu'ils penetrent les corps, qu'ils volent dans l'air, qu'ils ayent de l'équité ; il peut haïr les hommes en general, où il y a si peu de vertu, mais il excuse les particuliers, il les aime mesme par des motifs plus relevez, & il s'étudie à meriter le moins qu'il se peut uue pareille indulgence.

¶ Ceux qui sont fourbes croyent aisément que les autres le sont ; ils ne peuvent gueres estre trompez ny tromper.

¶ La mort n'arrive qu'une fois, & se fait sentir à tous les momens de la vie ; Il est plus dur de l'apprehender que de la souffrir.

¶ Si la vie est miserable, elle est penible à supporter ; si elle est heureuse, il est horrible de

ou les Mœurs de ce siecle. 279
la perdre. L'un revient à l'autre.

¶ Le regret qu'ont les hommes du mauvais employ du temps qu'ils ont déja vêcu, ne les conduit pas toûjours à faire de celuy qui leur reste à vivre, un meilleur usage.

¶ Il devroit y avoir dans le cœur des fonds inépuisables de douleur pour de certaines pertes. Ce n'est gueres par vertu ou par force d'esprit que l'on sort d'une grande affliction: l'on pleure amerement, & l'on est sensiblement touché; mais l'on est ensuite si foible ou si leger que l'on se console.

¶ Il y a des maux effroyables, & d'horribles malheurs où l'on n'ose penser, & dont la seule veuë fait frémir; s'il arrive que l'on y tombe, l'on se trouve des ressources que l'on ne se connoissoit point, l'on se roidit contre son infortune, & l'on fait mieux qu'on ne l'esperoit.

¶ Il y a de certains biens que l'on desire avec emportement, & dont l'idée seule nous enleve & nous transporte ; s'il nous arrive de les obtenir, on les sent plus tranquillement qu'on ne l'eût pensé, on en joüit moins, que l'on n'aspire encore à de plus grands.

¶ Il n'y a rien que les hommes aiment mieux à conserver, & qu'ils ménagent moins que leur propre vie.

¶ Pensons que comme nous soûpirons presentement pour la florissante jeunesse qui n'est plus & ne reviendra point, la caducité suivra qui nous fera regretter l'âge viril où nous sommes encore, & que nous n'estimons pas assez.

¶ L'on craint la vieillesse,

que l'on n'est pas seur de pouvoir atteindre.

¶ L'on ne vit point assez pour profiter de ses fautes ; l'on en commet pendant tout le cours de sa vie, & tout ce que l'on peut faire à force de faillir, c'est de mourir corrigé.

¶ Il n'y a rien qui rafraîchisse le sang, comme d'avoir sçû éviter de faire une sottise.

¶ Le recit de ses fautes est penible ; on aime au contraire à les couvrir, & en charger quelque autre : c'est ce qui donne le pas au Directeur sur le Confesseur.

¶ L'esprit de parti abaisse les plus grands hommes jusques aux petitesses du peuple.

¶ Il est également difficile d'étoufer dans les commencemens les sentimens des injures, & de les conserver aprés un certain nombre d'années.

¶ Nous faisons par vanité ou par bienseance les mesmes choses, & avec les mesmes dehors que nous les ferions par inclination ou par devoir. Tel vient de mourir à Paris de la fiévre qu'il a gagnée à veiller sa femme qu'il n'aimoit point.

¶ C'est une chose monstrueuse que le goust & la facilité qui est en nous de railler, d'improuver & de mépriser les autres; & tout ensemble la colere que nous ressentons contre ceux qui nous raillent, nous improuvent, & nous méprisent.

¶ Le monde est plein de gens qui faisant interieurement & par habitude la comparaison d'eux-mesmes avec les autres, decident toûjours en faveur de leur propre merite, & agissent consequemment.

¶ Il faut aux enfans les verges & la ferule; il faut aux hommes faits une couronne, un fceptre, un mortier, des fourrures, des faifceaux, des cymbales, des hocquetons. La raifon & la juftice dénuée de tous leurs ornemens ny ne perfuade ny n'intimide: l'homme qui eft efprit fe mene par les yeux & les oreilles.

¶ N** eft moins affoibli par l'âge que par la maladie, car il ne paffe point foixante huit ans; mais il a la goutte, & il eft fujet à une colique nephretique; il a le vifage décharné, le teint verdâtre, & qui menace ruine : il fait bâtir dans la ruë ** une maifon folide de pierre de taille, rafermie dans les encognures par des mains de fer, & dont il affure qu'on ne verra jamais la fin ; il fe promene tous les jours dans fes ateliers fur les bras d'un valet qui le foulage. Ce n'eft point pour fes enfans qu'il bâtit, car il n'en a point, ny pour ses heritiers, personnes viles, & qui se sont broüillez avec luy : c'est pour luy seul, & il mourra demain.

¶ L'esprit s'use comme toutes choses ; les sciences sont ses alimens, elles le nourrissent & le consument.

¶ Les petits sont quelquefois chargez de mille vertus inutiles ; ils n'ont pas de quoy les mettre en œuvre.

¶ L'on voit peu d'esprits entierement lourds & stupides, l'on en voit encore moins qui soient sublimes & transcendans ; le commun des hommes nage entre ces deux extremitez : l'intervalle est rempli par un grand nombre de talens ordinaires, mais qui sont d'un grand usage, servent à la Republique, & renferment en soy l'utile & l'agreable ; comme le commerce, les finances, le détail des armées, la navigation, les arts, les métiers, le bon conseil, l'esprit du jeu, celuy de société & de la conversation.

¶ Il se trouve des hommes qui soûtiennent facilement le poids de la faveur & de l'autorité ; qui se familiarisent avec leur propre grandeur, & à qui la teste ne tourne point dans les postes les plus élevez. Ceux au contraire que la fortune aveugle sans choix & sans discernement a comme accablez de ses bienfaits, en joüissent avec orgüeil & sans moderation ; leurs yeux, leur démarche, leur ton de voix & leur accés marquent long-temps en eux l'admiration où ils sont d'eux-mesmes, & de se voir si éminens ; & ils deviennent si farouches, que leur chûte seule peut les apprivoiser.

¶ Quelques hommes dans le cours de leur vie sont si differens d'eux-mesmes par le cœur & par l'esprit, qu'il est seur de se méprendre, si l'on en juge seulement par ce qui a paru d'eux dans leur premiere jeunesse. Tels estoient pieux, sages, sçavans, qui par cette molesse inseparable d'une trop riante fortune ne le sont plus. L'on en sçait d'autres qui ont commencé leur vie par les plaisirs, & qui ont mis ce qu'ils avoient d'esprit à les connoistre; que les disgraces ensuite ont rendu religieux, sages, temperans: ces derniers sont pour l'ordinaire de grands sujets, & sur qui l'on peut faire beaucoup de fond; ils ont une probité éprouvée par la patience & par l'adversité; ils entent sur cette extrême politesse que le commerce des femmes leur a donnée & dont ils ne se défont jamais, un esprit de regle, de reflexion, & quelquefois une haute capacité qu'ils doivent à la chambre, & au loisir d'une mauvaise fortune.

Tout nostre mal vient de ne pouvoir être seuls; de là le jeu, le luxe, la dissipation, le vin, les femmes, l'ignorance, la médisance, l'envie, l'oubly de soy-mesme & de Dieu.

¶ Il coute moins à certains hommes de s'enrichir de mille vertus que de se corriger d'un seul defaut: ils sont mesme si malheureux que ce vice est souvent celuy qui convenoit le moins à leur état, & qui pouvoit leur donner dans le monde plus de ridicule; il affoiblit l'éclat de leurs grandes qualitez, empesche qu'ils ne soient des hommes parfaits, & que leur reputation ne soit entiere : l'on ne leur demande point qu'ils soient plus éclairez & plus incorruptibles ; qu'ils soient plus amis de l'ordre & de la discipline ; plus fideles à leurs devoirs, plus zelez pour le bien public, plus graves : l'on veut seulement qu'ils ne soient point amoureux.

¶ L'homme semble quelquefois ne se pas suffire pas à soy-mesme ; les tenebres, la solitude le troublent, le jettent dans des craintes frivoles, & dans de vaines terreurs ; le moindre mal alors qui puisse luy arriver est de s'ennuyer.

¶ La plûpart des hommes employent la premiere partie de leur vie à rendre l'autre miserable.

¶ Nostre vanité & la trop grande estime que nous avons de nous-mêmes, nous fait soupçonner dans les autres une fierté té à noſtre égard qui y eſt quelquefois, & qui ſouvent n'y eſt point : Une perſonne modeſte n'a point cette délicateſſe.

¶ Nous cherchons noſtre bonheur hors de nous-meſmes, & dans l'opinion des hommes que nous connoiſſons flateurs, peu ſinceres, ſans équité, pleins d'envie, de caprices & de préventions : quelle bizarrerie !

¶ Il ſemble que l'on ne puiſſe rire que des choſes ridicules; l'on voit neanmoins de certaines gens qui rient également des choſes ridicules, & de celles qui ne le font pas. Si vous eſtes ſot & inconſideré, & qu'il vous échape devant eux quelque impertinence, ils rient de vous : ſi vous eſtes ſage, & que vous ne diſiez que des choſes raiſonnables, & du ton qu'il les faut dire, ils rient de mesme.

¶ Les hommes en un mesme jour ouvrent leur ame à de petites joyes, & se laissent dominer par de petits chagrins; rien n'est plus inégal & moins suivi que ce qui se passe en si peu de temps dans leur cœur & dans leur esprit. Le remede à ce mal est de n'estimer les choses du monde précisément que ce qu'elles valent.

¶ Il est aussi difficile de trouver un homme vain qui se croie assez heureux, qu'un homme modeste qui se croye trop malheureux.

¶ Le destin du Vigneron, du Soldat & du Tailleur de pierre m'empesche de m'estimer malheureux par la fortune des Princes ou des Ministres qui me manque.

¶ Il y a des gens qui sont

mal logez, mal couchez, mal habillez & plus mal nourris; qui essuyent les rigueurs des saisons, qui se privent eux-mesmes de la societé des hommes, & passent leurs jours dans la solitude; qui souffrent du present, du passé, & de l'avenir; dont la vie est comme une penitence continuelle; & qui ont ainsi trouvé le secret d'aller à leur perte par le chemin le plus penible: ce sont les avares.

¶ *Lucile* aime mieux user sa vie à se faire supporter de quelques Grands, que d'estre reduit à vivre familierement avec ses égaux.

La regle de voir de plus Grands que soy doit avoir ses restrictions; il faut quelquefois d'étranges talens pour la reduire en pratique.

¶ L'on s'insinuë auprés de

tous les hommes, ou en les flattant dans les passions qui occupent leur ame, ou en compatissant aux infirmitez qui affligent leur corps; en cela seul consistent les soins que l'on peut leur rendre : de là vient que celuy qui se porte bien, & qui desire peu de choses, est moins facile à gouverner.

¶ C'est une grande difformité dans la nature, qu'un vieillard amoureux.

¶ Peu de gens se souviennent d'avoir esté jeunes, & combien il leur estoit difficile d'estre chastes & temperans ; la premiere chose qui arrive aux hommes aprés avoir renoncé aux plaisirs ou par bienseance, ou par lassitude, ou par regime, c'est de les condamner dans les autres : il entre dans cette conduite une sorte d'attachement pour les choses mesmes que l'on vient de quitter ; l'on aimeroit qu'un bien qui n'est plus pour nous, ne fût plus aussi pour le reste du monde ; c'est un sentiment de jalousie.

¶ Ce n'est point le besoin d'argent où les vieillards peuvent apprehender de tomber un jour, qui les rend avares ; car il y en a de tels qui ont de si grands fonds, qu'ils ne peuvent gueres avoir cette inquietude ; & d'ailleurs comment pourroient-ils craindre de manquer dans leur caducité des commoditez de la vie, puis qu'ils s'en privent eux-mesmes volontairement pour satisfaire à leur avarice : ce n'est point aussi l'envie de laisser de plus grandes richesses à leurs enfans, car il n'est pas naturel d'aimer quelque autre chose plus que soy-mesme, outre qu'il se trouve des avares qui n'ont point d'heritiers. Ce vice eſt plûtoſt l'effet de l'âge & de la complexion des vieillards, qui s'y abandonnent auſſi naturellement qu'ils ſuivoient leurs plaiſirs dans leur jeuneſſe, ou leur ambition dans l'âge viril; il ne faut ny vigueur, ny jeuneſſe, ny ſanté pour eſtre avare; l'on n'a auſſi nul beſoin de s'empreſſer, ou de ſe donner le moindre mouvement pour épargner ſes revenus; il faut ſeulement laiſſer ſon bien dans ſes coffres, & ſe priver de tout; cela eſt commode aux vieillards à qui il faut une paſſion, parce qu'ils ſont hommes.

¶ Le ſouvenir de la jeuneſſe eſt tendre dans les vieillards; ils aiment les lieux où ils l'ont paſſée, les perſonnes qu'ils ont commencé de connoiſtre dans ce temps leur ſont cheres, ils affectent quelques mots du premier langage qu'ils ont parlé, ils tiennent pour l'ancienne maniere de chanter & pour la vieille danse, ils vantent les modes qui regnoient alors dans les habits, les meubles & les équipages ; ils ne peuvent encore desapprouver des choses qui servoient à leurs passions, qui estoient si utiles à leurs plaisirs, & qui en rappellent la memoire : comment pourroient-ils leur preferer de nouveaux usages, & des modes toutes-recentes où ils n'ont nulle part, dont ils n'esperent rien, que les jeunes gens ont faites, & dont ils tirent à leur tour de si grands avantages contre la vieillesse ?

¶ Une trop grande negligence, comme une excessive parure dans les vieillards multiplient leurs rides, & font mieux voir leur caducité.

¶ Un vieillard est fier, dédaigneux, & d'un commerce difficile, s'il n'a beaucoup d'esprit.

¶ Un vieillard qui a vêcu à la Cour, qui a un grand sens & une memoire fidelle, est un tresor inestimable ; il est plein de faits & de maximes ; l'on y trouve l'histoire du siécle révétuë de circonstances tres-curieuses, & qui ne se lisent nulle part ; l'on y apprend des regles pour la conduite & pour les mœurs qui sont toûjours seures, parce qu'elles sont fondées sur l'experience.

¶ Les jeunes gens à cause des passions qui les amusent, s'accommodent mieux de la solitude que les vieillards.

¶ Il faut des saisies de terres, & des enlevemens de meubles, des prisons & des supplices, je l'avouë : mais justice, loix,

& besoins à part, ce m'est une chose toûjours nouvelle de contempler avec quelle ferocité les hommes traitent d'autres hommes.

¶ Ceux qui nous ravissent les biens par la violence, ou par l'injustice, & qui nous ostent l'honneur par la calomnie, nous marquent assez leur haine pour nous ; mais ils ne nous convainquent pas également qu'ils ayent perdu à nôtre égard toute sorte d'estime, aussi ne sommes-nous pas incapables de quelque retour pour eux, & de leur rendre un jour nostre amitié. La mocquerie au contraire est de toutes les injures celle qui se pardonne le moins ; elle est le langage du mépris, & l'une des manieres dont il se fait le mieux entendre; elle attaque l'homme dans son dernier retranchement, qui est l'opinion qu'il a de soy-mesme; elle veut le rendre ridicule à ses propres yeux, & ainsi elle ne le laisse pas douter un moment de la plus mauvaise disposition où l'on puisse estre pour luy, & le rend irreconciliable.

¶ Bien loin de s'effrayer, ou de rougir mesme du nom de Philosophe, il n'y a personne au monde qui ne dût avoir une forte teinture de Philosophie*; elle convient à tout le monde; la pratique en est utile à tous les âges, à tous les sexes, & à toutes les conditions; elle nous console du bonheur d'autruy, des indignes preferences, des mauvais succez, du declin de nos forces ou de nostre beauté; elle nous arme contre la pauvreté, la vieilles-

* L'on ne peut plus entendre que celle qui est dépendante de la Rel. Chr.

se, la maladie, & la mort; contre les sots & les mauvais railleurs; elle nous fait vivre sans une femme, ou nous fait supporter celle avec qui nous vivons.

¶ Il n'y a pour l'homme qu'un vray malheur, qui est de se trouver en faute, & d'avoir quelque chose à se reprocher.

¶ La plûpart des hommes pour arriver à leurs fins sont plus capables d'un grand effort que d'une longue perseverance: leur paresse ou leur inconstance leur fait perdre le fruit des meilleurs commencemens; ils se laissent souvent devancer par d'autres qui sont partis après eux, & qui marchent lentement, mais constamment.

¶ Les hommes agissent mollement dans les choses qui sont de leur devoir, pendant qu'ils se font un merite ou plûtost une vanité de s'empresser pour celles qui leur sont étrangeres, & qui ne conviennent ny à leur état, ny à leur caractere.

¶ L'on exigeroit de certains personnages qui ont une fois esté capables d'une action noble, heroïque, & qui a esté sceuë de toute la terre, que sans paroistre comme épuisez par un si grand effort ils eussent du moins dans le reste de leur vie cette conduite sage & judicieuse qui se remarque mesme dans les hommes ordinaires ; qu'ils ne tombassent point dans des petitesses indignes de la haute reputation qu'ils avoient acquise ; que se mêlant moins dans le peuple, & ne luy laissant pas le loisir de les voir de prés ils ne le fissent point passer de la curiosité & de l'admiration à l'in-

ou les Mœurs de ce siecle. 301
différence, & peut-estre au mépris.

¶ C'est se vanger contre soy-mesme, & donner un trop grand avantage à ses ennemis, que de leur imputer des choses qui ne sont pas vrayes, & de mentir pour les décrier.

¶ Il n'y a gueres qu'une naissance honneste ou une bonne éducation qui rende les hommes capables de secret.

¶ Si les hommes ne vont pas ordinairement dans le bien jusques où ils pourroient aller, c'est par le vice de leur premiere instruction.

¶ Il y a dans quelques hommes une certaine mediocrité d'esprit qui contribuë à les rendre sages.

¶ Tels hommes passent une longue vie à se défendre des uns & à nuire aux autres, & ils meurent consumez de vieillesse, après avoir causé autant de maux qu'ils en ont soufferts.

¶ Les haines sont si longues & si opiniâtrées, que le plus grand signe de mort dans un homme malade, c'est la reconciliation.

¶ Il y a d'étranges peres, & dont toute la vie semble n'être occupée qu'à preparer à leurs enfans des raisons de se consoler de leur mort.

¶ L'affectation dans le geste, dans le parler, & dans les manieres est souvent une suite de l'oysiveté, ou de l'indifference; & il semble qu'un grand attachement ou de serieuses affaires jettent l'homme dans son naturel.

¶ Tout le monde dit d'un sot, qu'il est un sot; personne n'ose le luy dire à luy-mesme, il meurt sans le sçavoir, &

sans que personne se soit vangé.

Des Jugemens.

Rien ne ressemble mieux à la vive persuasion que le mauvais entêtement : de là les partis, les cabales, les heresies.

¶ L'on ne pense pas toûjours constamment d'un mesme sujet : l'entêtement & le dégoût se suivent de prés.

¶ Les grandes choses étonnent & les petites rebutent ; nous nous apprivoisons avec les unes & les autres par l'habitude.

¶ Il n'y a rien de plus bas & qui convienne mieux au peuple, que de parler en des termes magnifiques de ceux-mesme dont l'on pensoit tres-modestement avant leur élevation.

¶ La faveur des Princes n'exclut pas le merite, & ne le suppose pas aussi.

¶ Il est étonnant qu'avec tout l'orgüeil dont nous sommes gonflez, & la haute opinion que nous avons de nous-mesmes & de la bonté de nôtre jugement, nous negligions de nous en servir pour prononcer sur le merite des autres ; la vogue, la faveur populaire, celle du Prince nous entraînent comme un torrent: nous loüons ce qui est loüé, bien plus que ce qui est loüable.

¶ Le commun des hommes est si enclin au déreglement & à la bagatelle ; & le monde est si plein d'exemples ou pernicieux ou ridicules, que je croirois assez que l'esprit de singularité, s'il pouvoit avoir ses bornes & ne pas aller trop loin, approcheroit fort de la droite raison, & d'une conduite reguliere.

Il faut faire comme les autres; maxime suspecte, qui signifie presque toûjours, il faut mal faire, dés qu'on l'étend au delà de ces choses purement exterieures, qui n'ont point de suites, qui dépendent de l'usage, de la mode ou des bienseances.

¶ Tel à un Sermon, à une Musique, ou dans une Gallerie de Peintures a entendu à sa droite & à sa gauche, sur une chose précisément la mesme, des sentimens précisément opposez : cela me feroit dire volontiers que l'on peut hazarder dans tout genre d'ouvrages d'y mettre le bon & le mauvais; le bon plaist aux uns & le mauvais aux autres ; l'on ne risque gueres davantage d'y mettre le pire, il a ses partisans.

¶ Tel connu dans le monde par de grands talens, honoré & cheri par tout où il se trouve, est petit dans son domestique & aux yeux de ses proches qu'il n'a pû reduire à l'estimer : Tel autre au contraire, prophete dans son païs joüit d'une vogue qu'il a parmi les siens, & qui est resserrée dans l'enceinte de sa maison ; s'applaudit d'un merite rare & singulier, qui luy est accordé par sa famille dont il est l'idole, mais qu'il laisse chez soy toutes les fois qu'il sort, & qu'il ne porte nulle part.

¶ Quel bonheur surprenant a accompagné ce favori pendant tout le cours de sa vie? quelle autre fortune mieux soûtenuë, sans interruption, sans la moindre disgrace ? Les premiers postes, l'oreille du Prince, d'immenses tresors, une santé parfaite, & une mort douce : mais quel étrange compte à rendre d'une vie passée dans la faveur ; des conseils que l'on a donnez, de ceux qu'on a negligé de donner ou de suivre ; des biens que l'on n'a point fait, des maux au contraire que l'on a fait ou par soy-mesme ou par les autres : en un mot de toute sa prosperité.

¶ Cesar n'estoit point trop vieux pour penser à la conqueste de l'Univers* ; il n'avoit point d'autre beatitude à se faire que le cours d'une belle vie, & un grand nom aprés sa mort ; né fier, ambitieux, & se portant bien comme il faisoit, il ne pouvoit mieux employer son temps qu'à conquerir le monde. Alexandre

* V. les pensées de M. Pascal, ch. 13. où il dit le contraire.

estoit bien jeune pour un dessein si serieux ; il est étonnant que dans ce premier âge les femmes ou le vin n'ayent pas plûtost rompu son entreprise.

¶ Un jeune Prince, d'une race auguste. L'Amour & l'Esperance des peuples. Donné du Ciel pour prolonger la Felicité de la terre. Plus grand que ses Ayeux. Fils d'un Heros qui est son modele, a déja montré à l'Univers par ses Divines qualitez, & par une Vertu anticipée, que les enfans des Heros sont plus proches de l'estre que les autres hommes *.

*Contre la maxime Latine & triviale.

¶ Aprés l'esprit de discernement ce qu'il y a au monde de plus rare, ce sont les diamans & les perles.

¶ Un homme est fidelle à de certaines pratiques de religion, on le voit s'en acquiter avec exactitude, personne ne le

ou les Mœurs de ce siecle. 309
loüe, ny ne le desapprouve, on n'y pense pas ; tel autre y revient aprés les avoir negligées dix années entieres, on se récrie, on l'exalte ; cela est libre : moy je le blâme d'un si long oubly de ses devoirs, & je le trouve heureux d'y estre rentré.

¶ Il y a de petites regles, des devoirs, des bienseances attachées aux lieux, aux temps, aux personnes, qui ne se devinent point à force d'esprit, & que l'usage apprend sans nulle peine ; juger des hommes par les fautes qui leur échapent en ce genre, avant qu'ils soient assez instruits, c'est en juger par leurs ongles ou par la pointe de leurs cheveux ; c'est vouloir un jour estre détrompé.

¶ Ceux qui sans nous connoistre assez, pensent mal de

nous, ne nous font pas de tort: ce n'eſt pas nous qu'ils attaquent, c'eſt le phantôme de leur imagination.

¶ La regle de Descartes, qui ne veut pas qu'on decide ſur les moindres veritez avant qu'elles ſoient connuës clairement & diſtinctement, eſt aſſez belle & aſſez juſte, pour devoir s'étendre au jugement que l'on fait des perſonnes.

¶ Rien ne nous vange mieux des mauvais jugemens que les hommes font de noſtre eſprit & de nos manieres, que l'indignité & le mauvais caractere de ceux qu'ils approuvent.

Du meſme fond dont on neglige un homme de merite, l'on ſçait encore admirer un ſot.

¶ Un ſot eſt celuy qui n'a pas meſme ce qu'il faut d'eſprit pour eſtre fat.

Un fat est celuy que les sots croient un homme de merite.

¶ Nous n'approuvons les autres que par les rapports que nous sentons qu'ils ont avec nous-mesmes ; & il semble qu'estimer quelqu'un, c'est l'égaler à soy.

¶ C'est un excés de confiance dans les parens d'esperer tout de la bonne éducation de leurs enfans, & une grande erreur d'en attendre tout & de la negliger.

¶ Rien ne découvre mieux quel goût ont les hommes pour les sciences & pour les belles lettres, & de quelle utilité ils les croient dans la Republique, que le prix qu'ils y ont mis, & l'idée qu'ils se forment de ceux qui ont pris le parti de les cultiver. Il n'y a point d'art si mécanique ny de si vile condition où les avantages ne soient plus seurs, plus prompts & plus solides. Le Comedien couché dans son carrosse jette de la boüe au visage de CORNEILLE qui est à pied. Chez plusieurs Sçavant & Pedant sont synonimes.

Souvent où le riche parle & parle de doctrine, c'est aux doctes à se taire, à écouter, à applaudir s'ils veulent du moins ne passer que pour doctes.

¶ Il y a une sorte de hardiesse à soûtenir devant certains esprits la honte de l'érudition : l'on trouve chez eux une prévention toute établie contre les Sçavans, à qui ils ostent les manieres du monde, le sçavoir vivre, l'esprit de societé, & qu'ils renvoyent ainsi dépoüillez à leur cabinet & à leurs livres. Comme l'ignorance est un état paisible, & qui ne coûte te aucune peine, l'on s'y range en foule, & elle forme à la Cour & à la Ville un nombreux parti qui l'emporte sur celuy des Sçavans. S'ils alleguent en leur faveur les noms de Harlay, Bossuet, Seguier, & de tant d'autres Personnages également doctes & polis ; s'ils osent mesme citer les grands noms de Condé, d'Enguien, & de Conti, comme de Princes qui ont sçû joindre aux plus belles & aux plus hautes connoissances & l'atticisme des Grecs & l'urbanité des Romains, l'on ne feint point de leur dire que ce sont des exemples singuliers ; & s'ils ont recours à de solides raisons, elles sont foibles contre la voix de la multitude. Il semble neanmoins que l'on devroit decider sur cela avec plus de précaution, & se donner seulement la peine de douter, si le mesme esprit qui fait faire de si grands progrez dans des sciences raisonnables ; qui fait bien penser, bien juger, bien parler & bien écrire, ne pourroit point encore servir à être poli.

Il faut tres-peu de fonds pour la politesse dans les manieres ; il en faut beaucoup pour celle de l'esprit.

¶ Si les Ambassadeurs des Rois étrangers estoient des Singes instruits à marcher sur leurs pieds de derriere, & à se faire entendre par interprete ; nous ne pourrions pas marquer un plus grand étonnement que celuy que nous donne la justesse de leurs réponses & le bon sens qui paroist quelquefois dans leurs discours. La prévention du païs, jointe à l'orgüeil de la nation nous fait oublier que la raison est de tous les climats, & que l'on pense juste par tout où il y a des hommes : nous n'aimerions pas à estre traitez ainsi de ceux que nous appellons barbares ; & s'il y a en nous quelque barbarie, elle consiste à estre épouventez de voir d'autres peuples raisonner comme nous.

¶ Tous les étrangers ne sont pas Barbares, & tous nos compatriotes ne sont pas civilisez: de mesme toute Campagne n'est pas agreste*, & toute ville n'est pas polie : il y a dans l'Europe un endroit d'une Province maritime d'un grand Royaume, où le Villageois est doux & insinuant, le Magistrat au contraire grossier, & dont la rusticité peut passer en proverbe.

Avec un langage si pur, une si grande recherche dans nos

* Ce terme s'entend icy metaphoriquement.

habits, des mœurs si cultivées, de si belles loix, & un visage blanc, nous sommes barbares pour quelques peuples.

¶ Si nous entendions dire des Orientaux qu'ils boivent ordinairement d'une liqueur qui leur monte à la teste, leur fait perdre la raison, & les fait vomir ; nous dirions, cela est bien barbare.

¶ Il est ordinaire & comme naturel de juger du travail d'autruy seulement par rapport à celuy qui nous occupe. Ainsi le Poëte rempli de grandes & sublimes idées estime peu le discours de l'Orateur qui ne s'exerce souvent que sur de simples faits : & celuy qui écrit l'histoire de son païs ne peut comprendre qu'un esprit raisonnable employe sa vie à imaginer des fictions & à trouver une rime:

de mesme le Bachelier plongé dans les quatre premiers siecles, traite toute autre doctrine de science triste, vaine & inutile ; pendant qu'il est peut-estre méprisé du Geometre.

¶ Ce Prelat ne se montre point à la Cour, il n'est de nul commerce, on ne le voit point avec des femmes, il ne joüe ny à grande ny à petite prime, il n'assiste ny aux festes ny aux spectacles, il n'est point homme de caballe, & il n'a point l'esprit d'intrigue ; toûjours dans son Evesché, où il fait une residence continuelle, il ne songe qu'à instruire son peuple par la parole & à l'édifier par son exemple ; il consume son bien en des aumônes, & son corps par la penitence ; il n'a que l'esprit de regularité, & il est imitateur du zele & de la pieté des Apôtres : comment luy est venuë, dit le peuple, cette nouvelle dignité ?

¶ Tout le monde s'éleve contre un homme qui entre en reputation ; à peine ceux qu'il croit ses amis luy pardonnent-ils un merite naissant, & une premiere vogue qui semble l'associer à la gloire dont ils sont déja en possession : l'on ne se rend qu'à l'extremité, & aprés que le Prince s'est declaré par les recompenses. Tous alors se rapprochent de luy ; & de ce jour-là seulement il prend son rang d'homme de merite.

¶ Les enfans des Dieux,* pour ainsi dire, se tirent des regles de la nature, & en sont comme l'exception. Ils n'attendent presque rien du temps & des années. Le merite chez eux devance l'âge. Ils naissent

* Fils, Petit-fils, Issus de Rois.

instruits, & ils sont plûtost des hommes parfaits que le commun des hommes ne sort de l'enfance.

De la Mode.

UNe chose folle & qui découvre bien nostre petitesse, c'est l'assujettissement aux modes quand on l'étend à ce qui concerne le goust, le vivre, la santé & la conscience. La viande noire est hors de mode & par cette raison insipide : ce seroit pecher contre la mode que de guerir de la fiévre par la saignée ; de mesme l'on ne mourroit plus depuis long temps par *Theotime* ; ses tendres exhortations ne sauvoient plus que le peuple, & *Theot.* a veu son successeur.

¶ Le duel est le triomphe de la mode, & l'endroit où elle a exercé sa tyrannie avec plus d'éclat; cet usage n'a pas laissé au poltron la liberté de vivre, il l'a mené se faire tuer par un plus brave que soy, & l'a confondu avec un homme de cœur; il a attaché de l'honneur, & de la gloire à une action folle & extravagante; il a esté approuvé par la presence des Rois; il y a eu quelquefois une espece de religion à le pratiquer; il a decidé de l'innocence des hommes, des accusations fausses ou veritables sur des crimes capitaux; il s'estoit enfin si profondement enraciné dans l'opinion des peuples, & s'estoit si fort saisi de leur cœur & de leur esprit, qu'un des plus beaux endroits de la vie d'un tres grand Roy a esté de les guerir de cette folie.

¶ Tel a esté à la mode ou pour le commandement des armées & la negotiation, ou pour l'éloquence de la

Chaire, ou pour les vers, qui n'y est plus. Y a-t'il des hommes qui degenerent de ce qu'ils furent autrefois; est-ce leur merite qui soit usé, ou le goût que l'on avoit pour eux?

¶ Un homme fat & ridicule porte un long chapeau, un pourpoint à aîlerons, des chausses à éguillettes & des bottines; il réve la veille par où & comment il pourra se faire remarquer le jour qui suit. Un Philosophe se laisse habiller par son Tailleur; il y a autant de foiblesse à fuir la mode qu'à l'affecter.

¶ Le Courtisan autrefois avoit ses cheveux, estoit en chausses & en pourpoint, portoit de larges canons, & il estoit libertin; cela ne sied plus: il porte une perruque, l'habit serré, le bas uni, & il est devot: tout se regle par la mode.

¶ Celuy qui depuis quelque temps à la Cour estoit devot, & par là contre toute raison peu éloigné du ridicule, pouvoit-il esperer de devenir à la mode ?

¶ De quoy n'est point capable un Courtisan dans la veuë de sa fortune, si pour ne la pas manquer il devient devot.

¶ Quand le Courtisan sera humble, gueri du faste & de l'ambition ; qu'il n'établira point sa fortune sur la ruine de ses concurrens, qu'il sera équitable, soulagera ses vassaux, payera ses creanciers ; qu'il ne sera ny fourbe ny médisant ; qu'il renoncera aux grands repas & aux amours illegitimes ; qu'il priera autrement que des lévres, & mesme hors de la presence du Prince : alors il me persuadera qu'il est devot.

¶ L'on croit que la devotion de la Cour inspirera enfin la residence.

¶ C'est une chose délicate à un Prince Religieux de reformer la Cour & la rendre pieuse : instruit jusques où le Courtisan veut luy plaire, & aux dépens de quoy il feroit sa fortune, il le ménage avec prudence, il tolere, il dissimule de peur de le jetter dans l'hypocrisie ou le sacrilege ; il attend plus de Dieu & du temps, que de son zele & de son industrie.

DE QUELQUES USAGES.

IL y a des gens qui n'ont pas le moyen d'estre * nobles.

*Secretaires du Roy

Il y en a de tels que s'ils eussent obtenu six mois de delay de leurs creanciers, ils estoient nobles †.

† Veterans

Quelques autres se couchent roturiers, & se levent nobles *.

* Veterans

Combien de nobles, dont le pere & les aînez sont roturiers?

¶ Il suffit de n'estre point né dans une ville, mais sous une chaumiere répanduë dans la campagne, ou sous une ruine qui trempe dans un marecage & qu'on appelle Château, pour estre crû noble sur sa parole.

¶ Le besoin d'argent a reconcilié la noblesse avec la roture, & a fait évanoüir la preuve des quatre quartiers.

¶ Si la noblesse est vertu, elle se perd par tout ce qui n'est pas vertueux ; & si elle n'est pas vertu, c'est peu de chose.

¶ Que les saletez des Dieux, la Venus, le Ganimede, & les autres nuditez du Carache ayent esté faites pour les Princes de l'Eglise, & les successeurs des Apostres ; le Palais Farnese en est la preuve.

¶ Il y a plus de retribution dans les Parroisses pour un mariage que pour un baptême ; & plus pour un baptême que pour la confession : l'on diroit que ce soit un tau sur les Sacremens, qui semblent par là être appreciez. Ce n'est rien au fond que cet usage ; & ceux qui reçoivent pour les choses saintes ne croyent point les vendre, comme ceux qui donnent ne pensent point à les acheter ; ce sont peut-estre de mauvaises apparences, & qui choquent quelques esprits.

¶ Les belles choses le sont moins hors de leur place : les bienséances mettent la perfection, & la raison met les bienséances. Ainsi l'on n'entend point une gigue à la Chappelle, ny dans un Sermon des tons de theatre : l'on ne voit point d'images * profanes dans les Temples ; ny à des personnes consacrées à l'Eglise le train & l'équipage d'un cavalier.

* Tapisseries.

¶ L'on ne voit point faire de vœux ny de pelerinages, pour obtenir d'un Saint d'avoir l'esprit plus juste, l'ame plus reconnoissante ; d'estre plus équitable & moins malfaisant ; d'être gueri de la vanité, de l'inquietude d'esprit, & de la mauvaise raillerie.

¶ Il y a déja long-temps que

l'on improuve les Medecins, & que l'on s'en sert ; le theatre & la satyre ne touchent point à leurs pensions ; ils dotent leurs filles, placent leurs fils aux Parlemens & dans la Prelature, & les railleurs eux-mesmes fournissent l'argent. Ceux qui se portent bien deviennent malades, il leur faut des gens dont le métier soit de les asseurer qu'ils ne mourront point : tant que les hommes pourront mourir, & qu'ils aimeront à vivre, le Medecin sera raillé, & bien payé.

¶ Il estoit délicat autrefois de se marier, c'estoit un long établissement, une affaire serieuse, & qui meritoit qu'on y pensât : l'on étoit pendant toute sa vie le mary de sa femme, bonne ou mauvaise : mesme table, mesme demeure, mesme lit :

l'on n'en estoit point quitte pour une pension : avec des enfans & un ménage complet l'on n'avoit pas les apparences & les delices du celibat.

¶ Dans ces jours qu'on appelle saints le Moine confesse, pendant que le Curé tonne en Chaire contre le Moine & ses adherans: telle femme pieuse sort de l'Autel, qui apprend au Prône qu'elle vient de faire un sacrilege. N'y a-t'il point dans l'Eglise une puissance à qui il appartienne ou de faire taire le Pasteur, ou de suspendre pour un temps le pouvoir du Barnabite?

¶ Quelle idée plus bizarre que de se representer une foule de Chrétiens de l'un & de l'autre sexe, qui se rassemblent à certains jours dans une salle pour y applaudir à une troupe d'excommuniez, qui ne le

ou les Mœurs de ce siecle. 329
sont que par le plaisir qu'ils leur donnent, & dont ils sont déja payez d'avance. Il me semble qu'il faudroit ou fermer les theatres, ou prononcer moins severement sur l'état des Comediens.

¶ Il y a depuis long-temps dans le monde une maniere * de faire valoir son bien qui continuë toûjours d'estre pratiquée par d'honnestes gens, & d'estre condamnée par d'habiles Docteurs.

*Billets & obligations

¶ Le devoir des Juges est de rendre la justice ; leur métier de la differer : quelques-uns sçavent leur devoir, & font leur métier.

¶ Celuy qui sollicite son Juge ne luy fait pas honneur ; car ou il se défie de ses lumieres, & mesme de sa probité ; ou il cherche à le prevenir ; ou il luy demande une injustice.

¶ Une belle maxime pour le Palais, utile au public, remplie de raison, de sagesse, & d'équité, ce seroit précisément la contradictoire de celle qui dit, que la forme emporte le fond.

¶ Il n'est pas absolument impossible, qu'une personne qui se trouve dans une grande faveur perde un procés.

¶ L'on ne peut gueres charger l'enfance de la connoissance de trop de langues, & il me semble que l'on devroit mettre toute son application à l'en instruire : elles sont utiles à toutes les conditions des hommes, & elles leur ouvrent également l'entrée ou à une profonde ou à une facile & agréable erudition. Si l'on remet cet étude si penible à un âge un peu plus avancé, & qu'on appelle la jeunesse ; ou l'on n'a

ou les Mœurs de ce siecle. 331
pas la force de l'embrasser par choix, ou l'on n'a pas celle d'y perseverer ; & si l'on y persevere, c'est consumer à la recherche des langues le mesme temps qui est consacré à l'usage que l'on en doit faire ; c'est borner à la science des mots un un âge qui veut déja aller plus loin, & qui demande des choses ; c'est au moins avoir perdu les premieres & les plus belles années de sa vie. Un si grand fond ne se peut bien faire, que lorsque tout s'imprime dans l'ame naturellement, & profondement ; que la memoire est neuve, prompte, & fidelle; que l'esprit & le cœur sont encore vuides de passions, de soins & de desirs, & que l'on est déterminé à de longs travaux par ceux de qui l'on dépend. Je suis persuadé que le petit nombre d'habiles,

& le grand nombre de gens superficiels vient de l'oubly de cette pratique.

DE LA CHAIRE.

LE discours Chrétien est devenu un spectacle ; cette tristesse Evangelique qui en est l'ame, ne s'y remarque plus ; elle est suppleé par l'avantage de la mine, par les inflexions de la voix, par la regularité du geste, par le choix des mots, & par les longues énumerations : on n'écoute plus serieusement la parole sainte; c'est une sorte d'amusement entre mille autres, c'est un jeu où il y a de l'émulation & des parieurs.

¶ L'on fait assaut d'Eloquence jusques au pied de l'Autel, & dans la Chaire de la verité celuy qui écoute s'établit juge de celuy qui prêche, pour condamner ou pour applaudir; & n'est pas plus converti par le discours qu'il favorise que par celuy à qui il est contraire. L'Orateur plaît aux uns, déplaît aux autres, & convient avec tous en une chose; que comme il ne cherche point à les rendre meilleurs, ils ne pensent pas aussi à le devenir.

¶ Jusqu'à ce qu'il revienne un homme qui avec un style nourri des saintes Ecritures explique au peuple la parole divine uniment & familierement, les Orateurs & les Declamateurs seront suivis.

¶ Les citations profanes, les froides allusions, le mauvais pathetique, les antitheses, les figures outrées ont fini; les portraits finiront, & feront place à une simple explication de l'Evangile, jointe aux mouvemens qui inspirent la conversion.

C'est avoir de l'esprit que de plaire au peuple dans un Sermon par un style fleuri, une morale enjoüée, des figures reïterées, des traits brillants, & de vives descriptions ; mais ce n'est point en avoir assez. Un meilleur esprit condamne dans les autres, & neglige pour soy ces ornemens étrangers, indignes de servir à l'Evangile ; il prêche simplement, fortement, chrétiennement.

¶ L'Orateur fait de si belles images de certains désordres, y fait entrer des circonstances si delicates, met tant d'esprit, de tour, & de raffinement dans celuy qui peche ; que si je n'ay pas de pente à vouloir ressembler à ses portraits, j'ay besoin du moins que quelque Apôtre avec un style plus Chré-

ou les Mœurs de ce siecle. 335
tien me degoûte des vices dont l'on m'avoit fait une peinture si agreable.

¶ La morale douce & relâchée tombe avec celuy qui la prêche ; elle n'a rien qui réveille & qui pique la curiosité d'un homme du monde, qui craint moins qu'on ne pense une doctrine severe, & qui l'aime mesme dans celuy qui fait son devoir en l'annonçant : il semble donc qu'il y ait dans l'Eglise comme deux états qui doivent la partager ; celuy de dire la verité dans toute son étenduë, sans égards, sans déguisement ; celuy de l'écouter avidément, avec goust, avec admiration, avec eloges, & de n'en faire cependant ny pis ny mieux.

¶ *Theodule* a moins reüssi que quelques uns de ses Auditeurs ne l'apprehendoient, ils sont contens de luy & de son discours, & il a mieux fait à leur gré que de charmer l'esprit & les oreilles, qui est de flatter leur jalousie.

¶ Le métier de la parole ressemble en une chose à celuy de la guerre ; il y a plus de risque qu'ailleurs, mais la fortune y est plus rapide.

¶ Si vous estes d'une certaine qualité, & que vous ne vous sentiez point d'autres talens que celuy de faire de froids discours, prêchez : il n'y a rien de pire pour sa fortune que d'estre entierement ignoré. *Theodore* a esté payé de ses mauvaises phrases & de son ennuyeuse monotonie.

¶ L'on a eu de grands Evêchez par un merite de Chaire qui presentement ne vaudroit pas à son homme une simple prebende.

¶ Le nom de ce Panegyriste semble gemir sous le poids des titres dont il est accablé, leur grand nombre remplit de vastes affiches qui sont distribuées dans les maisons, ou que l'on lit par les ruës en caracteres monstrueux, & qu'on ne peut non plus ignorer que la place publique; quand sur une si belle montre l'on a seulement essayé du personnage, & qu'on l'a un peu écouté, l'on reconnoist qu'il manque au dénombrement de ses qualitez, celle de mauvais Predicateur.

¶ L'Orateur cherche par ses discours un Evesché; l'Apostre fait des conversions, il merite de trouver ce que l'autre cherche.

¶ L'on voit des Clercs * revenir de quelques Provinces où ils n'ont pas fait un long sejour,

* Ecclesiastiques.

P

vains des conversions qu'ils ont trouvées toutes faites, comme de celles qu'ils n'ont pû faire se comparer déja aux VINCENS & aux XAVIERS, & se croire des hommes Apostoliques : de si grands travaux & de si heureuses missions ne seroient pas à leur gré payées d'une Abbaye.

¶ Un Clerc mondain ou irreligieux, s'il monte en Chaire, est declamateur.

Il y a au contraire des hommes saints, & dont le seul caractere est efficace pour la persuasion : ils paroissent, & tout un peuple qui doit les écouter est déja émû & comme persuadé par leur presence ; le discours qu'ils vont prononcer fera le reste.

Des Esprits Forts.

Les Esprits forts sçavent-ils qu'on les appelle ainsi par ironie? quelle plus grande foiblesse que d'estre incertains quel est le principe de son estre, de sa vie, de ses sens, de ses connoissances, & quelle en doit estre la fin? quel découragement plus grand que de douter si son ame n'est point matiere comme la pierre & le reptile, & si elle n'est point corruptible comme ces viles creatures? n'y a-t'il pas plus de force & plus de grandeur à recevoir dans nostre esprit l'idée d'un estre superieur à tous les estres, qui les a tous faits, & à qui tous se doivent rapporter? d'un estre souverainement parfait, qui est pur, qui n'a point commencé & qui ne peut finir, dont noſtre ame eſt l'image, & méſme une portion comme eſprit, & comme immortelle.

¶ L'on doute de Dieu dans une pléine ſanté, comme l'on doute que ce ſoit pecher que d'avoir un commerce avec une perſonne libre* : quand l'on devient malade, & que l'hydropiſie eſt formée, l'on quitte ſa concubine, & l'on croit en Dieu.

¶ Il faudroit s'éprouver & s'examiner tres-ſerieuſement avant que de ſe declarer eſprit fort ou libertin, afin au moins & ſelon ſes principes de finir comme l'on a vêcu ; ou ſi l'on ne ſe ſent pas la force d'aller ſi loin, ſe reſoudre de vivre comme l'on veut mourir.

¶ Toute plaiſanterie dans un homme mourant eſt hors de ſa

* Une fille

place ; si elle roule sur de certains chapitres, elle est funeste. C'est une extrême misere que de donner à ses dépens à ceux que l'on laisse, le plaisir d'un bon mot.

¶ Il y a eu de tout temps de ces gens d'un bel esprit, & d'une agreable litterature, esclaves des Grands dont ils ont épousé le libertinage & porté le joug toute leur vie contre leurs propres lumieres & contre leur conscience : ces hommes n'ont jamais vécu que pour d'autres hommes, & ils semblent les avoir regardez comme leur Dieu & leur derniere fin. Ils ont eu honte de se sauver à leurs yeux, de paroistre tels qu'ils estoient peut-être dans le cœur, & ils se sont perdus par deference ou par foiblesse. Y a-t'il donc sur la terre des Grands assez grands, & des Puissans assez puissans pour meriter de nous que nous croyions, & que nous vivions à leur gré, selon leur goust & leurs caprices, & que nous poussions la complaisance plus loin, en mourant non de la maniere qui est la plus seure pour nous, mais de celle qui leur plaist davantage,

¶ J'exigerois de ceux qui vont contre le train commun & les grandes regles, qu'ils sceussent plus que les autres, qu'ils eussent des raisons claires, & de ces argumens qui emportent conviction.

¶ Je voudrois voir un homme sobre, moderé, chaste, équitable prononcer qu'il n'y a point de Dieu; il parleroit du moins sans interest : mais cet homme ne se trouve point.

¶ J'aurois une extrême curiosité de voir celuy qui seroit

persuadé que Dieu n'est point ;
il me diroit du moins la raison
invincible qui a sçû le convaincre.

¶ L'impossibilité où je suis
de prouver que Dieu n'est
pas, me découvre son exiſtence.

¶ Je sens qu'il y a un Dieu,
& je ne sens pas qu'il n'y en
ait point, cela me suffit, tout
le raisonnement du monde
m'est inutile ; je conclus que
Dieu existe : cette conclusion
est dans ma nature ; j'en ay reçû les principes trop aisément
dans mon enfance, & je les ay
conservez depuis trop naturellement dans un âge plus avancé pour les soupçonner de fausſeté : mais il y a des esprits qui
se defont de ces principes ; c'est
une grande question s'il s'en
trouve de tels ; & quand il
seroit ainsi, cela prouve seule-

ment qu'il y a des monstres.

¶ L'atheïsme n'est point : les Grands qui en sont le plus plus soupçonnez sont trop paresseux pour decider en leur esprit que Dieu n'est pas ; leur indolence va jusques à les rendre froids & indifferens sur cet article si capital, comme sur la nature de leur ame, & sur les consequences d'une vraye Religion : ils ne nient ces choses, ny ne les accordent, ils n'y pensent point.

¶ Les hommes sont-ils assez bons, assez fideles, assez équitables pour devoir y mettre toute nostre confiance, & ne pas desirer du moins que Dieu existât, à qui nous pussions appeller de leurs jugemens, & avoir recours quand nous en sommes persecutez ou trahis.

¶ Si l'on nous asseuroit que le

motif secret de l'Ambassade des Siamois a esté d'exciter le Roy tres-Chrétien à renoncer au Christianisme; à permettre l'entrée de son Royaume aux Talapoins, qui eussent penetré dans nos maisons pour persuader leur Religion à nos femmes, à nos enfans & à nous-mêmes par leurs livres par & leurs entretiens; qui eussent élevé des Pagodes au milieu des villes, où ils eussent placé des figures de metal pour y estre adorées; avec quelles risées & quel étrange mépris n'entendrions-nous pas des choses si extravagantes? Nous faisons cependant six mille lieuës de mer pour la conversion des Indes, des Royaumes de Siam, de la Chine & du Japon; c'est à dire pour faire tres-serieusement à tous ces peuples des propositions qui doivent leur paroiſtre tres-folles & tres-ridicules : ils ſupportent neanmoins nos Religieux & nos Preſtres, ils les écoutent quelquefois, leur laiſſent bâtir leurs Egliſes, & faire leurs miſſions : qui fait cela en eux & en nous, ne ſeroit-ce point la force de la verité ?

¶ Il y a deux mondes : l'un où l'on ſejourne peu, & dont l'on doit ſortir pour n'y plus rentrer ; l'autre où l'on doit bientoſt entrer pour n'en jamais ſortir : la faveur, l'autorité, les amis, la haute reputation, les grands biens ſervent pour le premier monde ; le mépris de toutes ces choſes ſert pour le ſecond. Il s'agit de choiſir.

¶ Qui a vêcu un ſeul jour a vêcu un ſiecle ; meſme Soleil, meſme terre, meſme monde, meſmes ſenſations ; rien ne reſſemble mieux à aujourd'huy que demain : il y auroit quelque curiosité à mourir, c'est à dire à n'estre plus un corps, mais à estre seulement esprit : l'homme cependant impatient de la nouveauté n'est point curieux sur ce seul article ; né inquiet & qui s'ennuye de tout il ne s'ennuye point de vivre, il consentiroit peut-estre à vivre toûjours ; ce qu'il voit de la mort le frappe plus violemment que ce qu'il en sçait ; la maladie, la douleur, le cadavre le dégoûtent de la connoissance d'un autre monde : il faut tout le serieux de la Religion pour le reduire.

¶ Si Dieu avoit donné le choix ou de mourir ou de toûjours vivre ; aprés avoir medité profondément ce que c'est que de ne voir nulle fin à la pauvreté, à la dépendance, à l'ennuy, à la maladie ; ou de n'essayer des richesses, de la grandeur, des plaisirs, & de la santé que pour les voir changer inviolablement, & par la revolution des temps en leurs contraires, & estre ainsi le joüet des biens & des maux ; l'on ne sçauroit gueres à quoy se resoudre. La nature nous fixe, & nous oste l'embarras de choisir; & la mort qu'elle nous rend necessaire est encore adoucie par la Religion.

¶ La Religion est vraye, ou elle est fausse; si elle n'est qu'une vaine fiction, voilà si l'on veut soixante années perduës pour l'homme de bien, le Chartreux, ou le Solitaire ; ils ne courent pas un autre risque : mais si elle est fondée sur la verité mesme, c'est alors un épouventable malheur pour l'homme vicieux ; l'idée seule des maux qu'il se prepare me trouble l'imagination; la pensée est trop foible pour les concevoir, & les paroles trop vaines pour les exprimer. Certes en supposant mesme dans le monde moins de certitude qu'il ne s'en trouve en effet sur la verité de la Religion, il n'y a point pour l'homme un meilleur parti que la vertu.

¶ Je ne sçay si ceux qui osent nier Dieu meritent qu'on s'efforce de le leur prouver, & qu'on les traite plus serieusement que l'on a fait dans ce chapitre : l'ignorance qui est leur caractere les rend incapables des principes les plus clairs & des raisonnemens les mieux suivis : je consens neanmoins qu'ils lisent celuy que je vais faire, pourvû qu'ils ne se persuadent pas que c'est tout ce que l'on pouvoit dire sur une verité si éclatante.

Il y a quarante ans que je n'eſtois point, & qu'il n'étoit point en moy de pouvoir jamais eſtre, comme il ne dépend pas de moy qui ſuis une fois de n'eſtre plus ; J'ay donc commencé, & je continuë d'être par quelque choſe qui eſt hors de moy, qui durera aprés moy, qui eſt meilleur & plus puiſſant que moy : ſi ce quelque choſe n'eſt pas Dieu, qu'on me diſe ce que c'eſt.

Peut-eſtre que moy qui exiſte, n'exiſte ainſi que par la force d'une nature univerſelle qui a toûjours eſté telle que nous la voyons, en remontant juſques à l'infinité des temps : mais cette nature ou elle eſt ſeulement eſprit, & c'eſt Dieu ; ou elle eſt matiere, & ne peut par conſequent avoir creé mon eſprit; ou elle eſt un compoſé de matiere & d'eſprit : & alors ce qui est esprit dans la nature, je l'appelle Dieu.

Peut-estre aussi que ce que j'appelle mon esprit, n'est qu'une portion de matiere qui existe par la force d'une nature universelle qui est aussi matiere, qui a toûjours esté, & qui sera toûjours telle que nous la voyons, & qui n'est point Dieu: mais du moins faut-il m'accorder que ce que j'appelle mon esprit, quelque chose que ce puisse estre, est une chose qui pense, & que s'il est matiere, il est necessairement une matiere qui pense; car l'on ne me persuadera point qu'il n'y ait pas en moy quelque chose qui pense, pendant que je fais ce raisonnement. Or ce quelque chose qui est en moy, & qui pense, s'il doit son estre & sa conservation à une nature universelle qui a toûjours esté & qui sera toûjours, laquelle il reconnoisse comme sa cause, il faut indispensablement que ce soit à une nature universelle ou qui pense, ou qui soit plus noble & plus parfaite que ce qui pense; & si cette nature ainsi faite est matiere, l'on doit encore conclure que c'est une matiere universelle qui pense, ou qui est plus noble & plus parfaite que ce qui pense.

Je continuë & je dis, cette matiere telle qu'elle vient d'être supposée, si elle n'est pas un estre chimerique, mais réel, n'est pas aussi imperceptible à tous les sens; & si elle ne se découvre pas par elle-mesme, on la connoist du moins dans le divers arrangement de ses parties qui constituë les corps, & qui en fait la difference, elle est donc elle mesme tous ces differens corps; & comme elte est une matiere qui pense selon la supposition, ou qui vaut mieux que ce qui pense, il s'ensuit qu'elle est telle du moins selon quelques-uns de ces corps, & par une suite necessaire selon tous ces corps ; c'est à dire qu'elle pense dans les pierres, dans les metaux, dans les mers, dans la terre, dans moy-mesme qui ne suis qu'un corps comme dans toutes les autres parties qui la composent : C'est donc à l'assemblage de ces parties si terrestres, si grossieres, si corporelles, qui toutes ensemble sont la matiere universelle, ou ce monde visible que je dois ce quelque chose qui est en moy, & qui pense, & que j'appelle mon esprit ; ce qui est absurde.

Si au contraire cette nature universelle, quelque chose que ce puisse estre, ne peut pas estre tous ces corps, ny aucun de ces corps; il suit de là qu'elle n'est point matiere, ny perceptible par aucun des sens: si cependant elle pense, ou si elle est plus parfaite que ce qui pense, je conclus encore qu'elle est esprit, ou un estre meilleur & plus accompli que ce qui est esprit: si d'ailleurs il ne reste plus à ce qui pense en moy, & que j'appelle mon esprit, que cette nature universelle à qui il puisse remonter pour rencontrer sa premiere cause & son unique origine, parce qu'il ne trouve point son principe en soy, & qu'il le trouve encore moins dans la matiere, ainsi qu'il a esté démontré ; alors je ne dispute point des noms, mais cette source originaire de tout esprit, qui est esprit elle-mesme, & qui est plus excellente que tout esprit ; je l'appelle Dieu.

En un mot je pense ; donc Dieu existe : car ce qui pense en moy, je ne le dois point à moy-mesme ; parce qu'il n'a pas plus dépendu de moy de me le donner une premiere fois, qu'il dépend encore de moy de me le conserver un seul instant ; je ne le dois point à un estre qui soit au dessus de moy, & qui soit matiere, puisqu'il est impossible que la matiere soit au dessus de ce qui pense ; je le dois donc à un estre qui est au dessus de moy, & qui n'est point matiere ; & c'est Dieu.

¶ De ce qu'une nature universelle qui pense exclut de soy generalement tout ce qui est matiere, il suit necessairement qu'un estre particulier qui pense ne peut pas aussi admettre en soy la moindre matiere : Car bien qu'un estre universel qui pense renferme dans son idée infiniment plus de grandeur, de puissance, d'indépendance, & de capacité qu'un estre particulier qui pense, il ne renferme pas neanmoins une plus grande exclusion de matiere; puisque cette exclusion dans l'un & l'autre de ces deux êtres est aussi grande qu'elle peut estre & comme infinie; & qu'il est autant impossible que ce qui pense en moy soit matiere, qu'il est inconcevable que Dieu soit matiere: ainsi comme Dieu est esprit, mon ame aussi est esprit.

¶ Je ne sçay point si le chien choisit, s'il se ressouvient, s'il affectionne, s'il craint, s'il imagine, s'il pense : quand donc l'on me dit que toutes ces choses ne sont en luy ny passions, ny sentiment, mais l'effet naturel & necessaire de la disposition de sa machine preparée par le divers arrangement des parties de la matiere, je puis au moins acquiescer à cette doctrine: mais je pense, & je suis certain que je pense; or quelle proportion y a-t'il de tel ou de tel arrangement des parties de la matiere, c'est à dire d'une étenduë selon toutes ses dimensions, qui est longue, large, & profonde, & qui est divisible dans tous ces sens, avec ce qui pense.

¶ Si tout est matiere, & si la pensée en moy comme dans tous les autres hommes n'est qu'un effet de l'arrangement des parties de la matiere, Qui a mis dans le monde toute autre idée que celle des choses materielles ? la matiere a-t'elle dans son fond une idée aussi pure, aussi simple, aussi immaterielle qu'est celle de l'esprit ? comment peut-elle estre le principe de ce qui la nie & l'exclut de son propre estre? comment est-elle dans l'homme ce qui pense, c'est à dire, ce qui est à l'homme mesme une conviction qu'il n'est point matiere.

¶ Il y a des estres qui durent peu, parce qu'ils sont composez de choses tres-differentes, & qui se nuisent reciproquement: il y en a d'autres qui durent davantage parce qu'ils sont plus simples, mais ils perissent parce qu'ils ne laissent pas d'avoir des parties selon lesquelles ils peuvent estre divisez. Ce qui pense en moi doit durer beaucoup, parce que c'est un estre pur, exempt de tout mélange & de toute composition; & il n'y a pas de raison qu'il doive perir, car qui peut corrompre ou separer un estre simple, & qui n'a point de parties.

¶ L'ame voit la couleur par

l'organe de l'œil, & entend les sens par l'organe de l'oreille; mais elle peut cesser de voir ou d'entendre, quand ces sens ou ces objets luy manquent, sans que pour cela elle cesse d'estre, parce que l'ame n'est point précisément ce qui voit la couleur, ou ce qui entend les sons ; elle n'est que ce qui pense : or comment peut-elle cesser d'être telle ? ce n'est point par le defaut de l'organe, puis qu'il est prouvé qu'elle n'est point matiere ; ny par le defaut d'objet, tant qu'il y aura un Dieu & des éternelles veritez : elle est donc incorruptible.

¶ Je ne conçois point qu'une ame que Dieu a voulu remplir de l'idée de son estre infini, & souverainement parfait, doive estre aneantie.

¶ Si l'on ne goûte point ces remarques que j'ay écrites, je m'en étonne : & si on les goûte, je m'en étonne de mesme.

FIN.

Extrait du Privilege du Roy.

PAr grace & Privilege du Roy, en date du 8. Octobre 1687. Signé, DUGONO: il est permis à ESTIENNE MICHALLET, Imprimeur du Roy, & Marchand Libraire à Paris, d'imprimer ou faire imprimer un Livre intitulé, *Les Caracteres de Theophraste, avec les Caracteres ou les Mœurs de ce siecle*: avec deffences à tous autres de l'imprimer, vendre ou debiter sans le consentement dudit Exposant, à peine de confiscation des exemplaires contrefaits, & de tous dépens, dommages & interests, & de trois mille livres d'amende.

Regiftré sur le Livre de la Communauté des Imprimeurs & Marchands Libraires de Paris.

Signé GOIGNARD, Syndic.

www.ingramcontent.com/pod-product-compliance
Lightning Source LLC
Chambersburg PA
CBHW050309170426
43202CB00011B/1834